Morena Diaz
Love Your Body und schließe Frieden mit dir selbst

Für jede Person, die etwas mehr an
sich glauben könnte

Das
ErinnerDich
ist der Begleiter für den
Alltag. Es soll Mut machen
und motivieren, das wirklich
Wichtige immer im Blick zu
behalten.

INHALT

VORWORT

Stell dir vor, die gesamte Menschheit wäre blind. Niemand, absolut niemand könnte mit den Augen sehen. Nicht einmal du dich selbst. Würdest du dann immer noch versuchen, deinen Körper zu verändern? Würdest du dich weiterhin zu Sporteinheiten zwingen, die dir eigentlich keinen Spaß machen? Würdest du dich schlecht fühlen, weil dein Körper nicht durchtrainiert, nicht schlank, nicht straff genug ist?

Stell dir vor, wir hätten keine Spiegel, weil der Mensch sie niemals erfunden hat. Würdest du dann immer noch denken, du wärst nicht schön, zu dick, zu klein, zu groß, zu dünn, zu muskulös, zu wenig muskulös, einfach nicht gut genug? Würdest du deinen Körper maßregeln, weil er nicht das Gewicht auf der Waage zeigt, das du dir wünschst? Würdest du ihm Lebensmittel vorenthalten, die ihr beide eigentlich wahnsinnig gern mögt und auf die du Lust hast, die du aber aus Angst, zuzunehmen nicht isst? Würdest du weiterhin permanent Diät halten, um deinen Körper den gesellschaftlichen Normen anzupassen? Würdest du noch immer mit ihm reden, als wäre er dein größter Feind?

Ich kenne dich nicht, aber ich denke, dass du das meiste davon nicht tun würdest, weil du dich ja gar nicht sehen könntest. Vor allem wüsstest du, dass niemand dich wegen deiner Hülle verurteilen könnte. Wie würdest du dich also verhalten, um den Menschen dir gegenüber zum Lächeln zu bringen, um seine Seele zu berühren, um ihn zu beeindrucken, um eine schöne Zeit mit ihm zu verbringen?

Du bist so viel mehr als deine Hülle! Nur vergisst du das bestimmt manchmal, weil die Gesellschaft eben nicht blind ist. Ich weiß, dass die Gesellschaft Normen hat und diese ununterbrochen diktiert, egal ob im TV, auf Plakaten, in Magazinen oder über Social Media. Jeden Tag werden wir mit unzählig vielen Bildern konfrontiert, und obwohl wir uns damit oft überhaupt nicht identifizieren können, sind sie doch enorm wichtig für uns. Ich weiß, wie schwierig es ist, sich von diesen Bildern zu distanzieren, aber ich weiß auch, wie wundervoll es auf der anderen Seite ist, wenn man das geschafft hat.

Mit diesem Buch möchte ich dich und alle da draußen dabei begleiten, eurem Inneren mehr Aufmerksamkeit zu schenken als der Hülle und auch die Hülle – euren Körper – so zu akzeptieren, wie sie ist, mit all ihren Besonderheiten. Vielleicht macht sich ein kleiner Widerstand irgendwo in deinem Kopf bemerkbar, eine Stimme, die gegen meine Worte rebellieren möchte, weil sie dir zuflüstert, dass du noch nicht bereit dazu bist. Weißt du was? Ignoriere diese Stimme einfach und lass dich auf dieses Buch ein, egal wie oft dir Angst und Zweifel begegnen auf deinem Weg. Du bist nämlich stärker, als du denkst.

Wieso ich das weiß? Ich selbst dachte von mir, dass ich meinen Ängsten, Zweifeln und dem gesellschaftlichen Druck nicht standhalten würde, und unterwarf mich dem Druck von außen, bis ich irgendwann dachte, ich sei nur auf die Welt gekommen, um anderen zu gefallen. Ich war immer auf Bestätigung aus, versuchte, irgendwie und irgendwo dazuzugehören. Vergeblich. Nicht einmal, als ich mein niedrigstes Gewicht erreicht hatte und es gesundheitlich gefährlich wurde, hatte ich dieses Gefühl.

Dass ich heute ein Buch schreiben darf, das andere auf dem Weg zur bedingungslosen Selbstliebe begleitet, kann ich manchmal selbst nicht glauben, vor allem nicht, wenn ich zurückblicke und mir bewusst wird, an was für einem Tiefpunkt ich mal war. Aber wenn ich es geschafft habe, mich vom gesellschaftlichen Druck zu befreien, dann schaffst du das auch! Es braucht einfach Zeit, Geduld und Mut. Mut, sich darauf einzulassen und einen anderen Weg zu gehen, der manchmal auch etwas steinig sein kann. Ich wünsche es mir für jeden von euch da draußen, egal ob Frau oder Mann, jung oder alt. Jeder hat es verdient, glücklich zu sein. ♥

WER IST DIESE MORENA DIAZ, UND WIESO SCHREIBT SIE EIN BUCH?

Da du dich nun vielleicht fragst, wer ich bin und warum gerade ich einen Ratgeber über Selbstliebe schreibe, möchte dir meine Geschichte erzählen. Wenn du mich von meinen Social-Media-Kanälen kennst, weißt du vielleicht schon ein wenig, aber es gibt noch so viel mehr, was ich dir erzählen möchte. Keine Sorge, auch wenn ich eine Plappertante bin und tatsächlich ein eigenes Buch mit meiner persönlichen Geschichte füllen könnte, ist das nicht der Sinn dieses Buches. Es ist vielmehr unsere Geschichte. Es ist unser Buch. Du wirst am Anfang ein bisschen mehr über mein Leben lesen, auch damit du mich besser kennenlernst. Über meine Geschichte und meinen eigenen Weg zur Selbstliebe wirst du Kapitel für Kapitel mehr erfahren. Ich möchte, dass du verstehst: Wenn ich es geschafft habe, mit mir Frieden zu schließen nach all dem, was ich erlebt habe, kannst du es auch schaffen.

Mag sein, dass du mir in diesem Moment nicht glauben kannst, weil es immer etwas gibt, das dich an dir selbst zweifeln lässt. Mir ging es vor nicht allzu langer Zeit genauso. Und auch heute noch habe ich Tage, an denen ich mich in Frage stelle, aber das geht schnell vorbei. Mittlerweile bin ich rundum mit mir zufrieden, und das wünsche ich jedem. Natürlich werden meine eigenen Gedanken und Gefühle dieses Buch prägen, aber: Hier geht es um uns - und damit meine ich dich, mich und alle anderen da draußen, die den Weg zur bedingungslosen Selbstliebe eingeschlagen haben oder einschlagen möchten.

Neben meiner Geschichte wirst du hin und wieder auch auf beeindruckende Geschichten von anderen Persönlichkeiten treffen, die dir zeigen, dass Vielfalt wunderschön ist und dass die Besonderheiten, die jeder Mensch hat, ihn vollkommen machen. Hinter jeder Geschichte steht eine Person, die auch mal mit sich selbst zu kämpfen hatte und die nun ihren Teil dazu beitragen möch-

> *Jeder von uns trägt einen kleinen oder großen Rucksack mit sich herum, voller Sorgen, Zweifel und Erfahrungen.*

te, dass du dich jeden Tag ein bisschen mehr lieben kannst. Denn sie tun es auch, obwohl sie alle ihren Rucksack mit sich herumtragen.

Jeder von uns trägt so einen Rucksack mit Sorgen, Zweifel und Erfahrungen, die ihn geprägt haben, mit sich herum. Manche sind etwas schwerer und größer als andere, aber im Grunde steckt in jedem von uns ein kleiner Kämpfer. Wir kämpfen gemeinsam gegen den Druck von außen, immer perfekt, sogar makellos sein zu müssen. Glaube mir: Du kannst diesen Kampf gewinnen.

Auch ich habe viele Geschichten und Erfahrungen in meinem Rucksack. Doch die haben mich zu dem gemacht, was ich heute bin: Eine starke und selbstbewusste Frau, die sich für andere einsetzt und kämpft. Das war nicht immer so. Ich werde den Moment wohl nie vergessen, als ich auf dem Badezimmerfußboden meiner alten Wohnung saß und mir die Seele aus dem Leib weinte. Ich bin sehr nah am Wasser gebaut und weine schneller, als mir lieb ist, aber ich war an diesem Nachmittag wirklich am Ende. Ich hatte gerade eine Essattacke mit vielen Kalorien in Form von Schokolade, Keksen, Cornflakes, Milch, Chips und noch mehr hinter mich gebracht und hätte mir am liebsten den Magen auspumpen lassen. Nicht weil mir schlecht war, denn ich war diese Essanfälle zu der Zeit leider gewohnt. Mein Magen hielt diese Essattacken inzwischen gut aus, meine Seele jedoch nicht. Sie schmerzte mit jeder Attacke mehr, und mein Blähbauch erinnerte mich noch stundenlang an diesen unerträglichen Schmerz, wieder versagt zu haben, die Kontrolle über das Essen und meinen Körper verloren zu haben.

Und so saß ich auf dem Fußboden und weinte, weil ich den Schmerz nicht mehr aushielt. Auf dem Fußboden befand ich mich, weil ich in diesem Moment dachte, ich hätte nichts Bequemeres, nichts Wärmeres als die kalten Fliesen verdient. Ich fühlte mich wie eine Versagerin und erkannte mich kaum wieder. Die Frage, die mir durch meinen Kopf ging, war: *Ist der Sinn des Lebens wirklich, anderen zu gefallen, für andere schlank und schön zu sein?*

Wo diese Essattacken plötzlich herkamen, was sie mit Schönheitsidealen und dem Druck, perfekt sein zu müssen, zu tun hatten und wie sie nach und nach seltener wurden, wirst du bald erfahren. Wenn ich heute darüber nachdenke, was ich innerhalb von fünfzehn Minuten alles in mich hineinstopfen konnte, wird mir tatsächlich wieder etwas mulmig. Aber von vorn …

Wie lebe ich heute? Ich bin derzeit weder dünn noch habe ich sichtbare Bauchmuskeln. Ich habe Dehnungsstreifen und ziehe meinen Bauch immer ein, egal wie viele Kilos ich auf den Hüften habe. Aber ich esse. Ich esse gerne Pasta, und ich liebe es, die restliche Sauce mit Brot zu essen. Ich liebe Eis, Schokolade, und vor allem liebe ich es, wenn ich nicht darüber nachdenken muss, was ich essen darf oder soll. Ich liebe Sport, und ich brauche ihn, um einen Ausgleich zum Alltag zu schaffen. Und ich liebe es, wenn ich einfach mal faul sein kann, ohne ein schlechtes Gewissen zu haben. Und ja, ich mache auch mal mehrere Tage keinen Sport. Mir wurde geraten, meinen Körper zu lieben und andere Funktionen an ihm wertzuschätzen, die nichts mit Disziplin und Schweiß zu tun haben. Das hat mir die Augen geöffnet.

> Stark zu sein bedeutet nicht, dass man niemals hinfallen darf.

Sicher falle ich auch heute noch manchmal hin. Aber Starksein bedeutet nicht, dass man nicht hinfallen darf. Für mich bedeutet es, dass man weitermacht, wenn man etwas wirklich will. Und was ich nicht will, ist zurückschauen und etwas bedauern. Was willst du?

OKTOBER 2011

Als mehrere Freundinnen plötzlich in der Schule zu mir kamen und von einer App schwärmten, die es ermöglichte, Bilder auf eine coole Art und Weise zu bearbeiten, wusste ich gar nicht, was der Hype um diese App plötzlich sollte. Neugierig geworden, öffnete ich den App Store, um mir dieses „Instagram" genauer anzuschauen. Ich war schon immer ein Fan von Fotografie und teilte gerne meine Bilder mit der Welt. Damals war es nur eine App, die Fotos dank coolen Filtern wie *Valencia* oder *Aden* den richtigen Touch gab. Eigentlich wäre nichts dabei gewesen. Eigentlich war das Ganze total unspektakulär, und doch war diese App der Startschuss für eine *vermeintlich* bessere Zukunft. Das dachte ich zumindest eine Zeit lang. Eine Zukunft, die mir versprach, endlich auch dazuzugehören, endlich schlank, sportlich, dünn, cool, endlich eine neue Morena zu sein. Zumindest erhoffte ich mir das, und für eine kurze Zeit sah es auch ganz danach aus. Diese App bewegte und veränderte vieles in mir. Einige Charakterzüge sind so schnell, wie sie gekommen sind, wieder verschwunden. Doch andere haben mein Leben geprägt, und das auf eine Weise, die ich mir damals nie gewünscht hätte.

1 AUCH IN DIR STECKT EIN KLEINER SELBSTLIEBE-REBELL

Wie fühlst du dich, wenn du in einen Spiegel schaust und dir nicht gefällt, was du siehst? Möchtest du am liebsten wieder zurück ins Bett kriechen?

Vor einer Weile saß ich in einem Café und wartete auf eine Journalistin, die ein Interview für ein renommiertes Schweizer Magazin zu den Themen Selbstliebe und -akzeptanz mit mir führen wollte. Sie wollte wissen, wieso es so wichtig ist, sich selbst bedingungslos anzunehmen, und zweitens, wie man das überhaupt schafft in einer Welt, die dir immer wieder sagt, dass du dich nicht so annehmen darfst, wie du bist, bevor du dich und deinen Körper nicht an das gängige Schönheitsideal angepasst hast. Ihr war es wichtig, ihren Leserinnen die Werte, für die ich stehe, mitzugeben. Was ich ganz toll finde, denn Selbstliebe tut jedem von uns gut, und wir brauchen mehr davon, heute mehr denn je. Ich glaube, dass wir nur gemeinsam stark sind. Und wenn wir gemeinsam daran arbeiten, zuerst uns selbst und

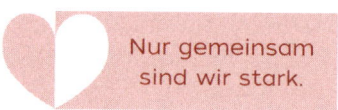

Nur gemeinsam sind wir stark.

so schließlich der Welt mehr Toleranz und Selbstliebe beizubringen, dann können wir wirklich etwas bewirken. Ich für meinen Teil lasse keine Gelegenheit aus, um meine Mission voranzutreiben. Neben dem Bloggen halte ich auch Vorträge, veranstalte Workshops und gebe Interviews. Solche Interviews habe ich mittlerweile bereits oft gegeben, und danach ist es für mich wie nach jedem Vortrag und jedem Workshop: Ich fühle mich immer, als wären ich und alle Beteiligten diesem Ziel nähergekommen, allein schon, weil alle eingewilligt haben, auch etwas dafür zu tun. Und das ist etwas Wunderbares. Ich bin unendlich dankbar, meine Message verbreiten zu dürfen, und doch kann ich es manchmal nicht fassen, dass ausgerechnet ich, die jahrelang so sehr unter einem negativen Körperbild gelitten hat, heute in der Lage bin, anderen den Weg zu zeigen.

Ich habe schon viele Tipps gegeben, viel unternommen, gesagt und gepostet, immer in der Hoffnung, Menschen zu helfen. Für mich ist vieles zur Routine geworden. Doch bei diesem Interview war etwas anders. Neben den üblichen Fragen stellte diese Journalistin mir eine simple Frage, die zuvor noch niemand gestellt hatte: „Morena, was machst du, wenn du mal einen schlechten Tag hast, dich im Spiegel siehst und dir nicht gefällt, was du siehst?"

Früher hätte ich geantwortet, dass es drauf ankommt, wie ich aussehe beziehungsweise was an meinem Aussehen mir an diesem Tag nicht gefällt. Wäre es der Pickel gewesen, der sich ausgerechnet an vorderster Front bemerkbar machte, dann hätte ich ganz einfach einen Abdeckstift benutzt. Wäre es meine müde Ausstrahlung gewesen, hätte ich ein wenig Mascara aufgetragen, und fertig. Wäre hingegen meine Figur das Problem gewesen, hätte ich mich einfach in möglichst unauffälliger, dunkler und weiter Kleidung versteckt und gehofft, dass niemand mich bemerkt. Solche Tage hatte ich früher oft.

An diesem Nachmittag fiel die Antwort ganz anders aus, und sie bestärkt mich selbst heute noch, wenn ich mich mal nicht gut fühle. Ich musste tatsächlich nicht lange überlegen: „Nichts, der Tag wird auch so rumgehen. Klar habe auch ich solche Tage, aber ich weiß, dass ich mehr bin als mein Körper, als mein Aussehen. Es ist alles eine Sache der Einstellung. Mir ist es mittlerweile egal, wie ich aussehe." Diese Sätze sagte ich, als wäre es das Selbstverständlichste der Welt, obwohl es das früher für mich nie war und immer noch für so viele Menschen da draußen auch heute nicht ist.

Ich weiß, dass ich mehr bin als mein Körper und mein Äußeres.

In diesem Moment fühlte ich mich so leicht, so frei. Mir wurde genau in diesem Moment bewusst, dass es mir seit geraumer Zeit tatsächlich egal war, wie ich auf andere wirken könnte. Ich sage bewusst „könnte". Denn man weiß nicht, wie man auf andere wirkt, es sei denn, sie würden es einem sagen, was aber selten geschieht. Doch genau das ist die Angst von vielen, wenn sie sich schlecht fühlen, sobald sie in den Spiegel schauen. *Wie wirke ich auf andere? Was könnten andere denken? Wenn ich mich schon nicht schön finde, wie finden mich dann andere?* Früher saß ich den ganzen Tag verunsichert in der Schule, wenn meine Freundinnen am Morgen an der Bushaltestelle meinten: „Morena, bist du krank? Geht's dir nicht gut? Du siehst so blass aus." Dabei war ich einfach nur ungeschminkt.

Bevor mir das erste Mal so eine Frage gestellt wurde, dachte ich, es sei nichts dabei, einfach ungeschminkt und total natürlich rumzulaufen. Aber nein! Heute sind wir so sehr an Make-up und Photoshop gewöhnt, dass natürliche Gesichter Aufmerksamkeit auf sich ziehen, manchmal positiv, meistens aber negativ. Wenn mein ungeschminktes Gesicht aber bedeutete – so interpretierte ich es zumindest –, dass ich krank bin und dementsprechend nicht gut aussah oder zumindest von anderen so bewertet wurde, dann war das definitiv ein Grund, mich den ganzen Tag lang unwohl zu fühlen.

Und heute? Heute gehe ich ungeschminkt zur Arbeit, ungeschminkt einkaufen, ungeschminkt feiern, und ich war, oh Schreck, sogar auch schon ungeschminkt auf einer Hochzeit. Habe ich seit damals an der Bushaltestelle nie mehr gehört, dass ich blass und müde ausshene? Oh doch, immer wieder, aber es prallt nun an mir ab. Denn ob ich müde aussehe, ist nur meine Sache, und wenn ich tatsächlich so müde bin, dass man mir das ansieht, dann stehe ich dazu. Müde auszusehen bedeutet ja nicht, dass man weniger schön oder wertvoll ist. Es ist nur ein Zustand, der wieder vorbeigeht und zum Leben dazugehört, so wie es auch dazugehört, frisch und vital auszusehen.

Übrigens schminke ich mich hin und wieder sehr gerne, da ich mich geschminkt *genauso* mag wie ungeschminkt. Aber der Unterschied zu früher ist, dass ich Make-up nicht mehr brauche, um etwas zu verstecken oder mich besser zu fühlen. Ich verurteile niemanden, der Make-up genau deswegen aufträgt.

Einige schminken sich gerne, vielleicht auch weil es eine Möglichkeit ist, sich kreativ auszudrücken, sie können aber gut auch ungeschminkt herumlaufen. Andere hingegen benutzen Make-up, um sich besser zu fühlen. Ich finde das verständlich, schließlich habe ich das selbst auch sehr lang getan. Aber der kleine Rebell in mir hatte irgendwann keine Lust mehr, sich nach den Meinungen anderer zu richten. Wieso auch?

Wenn ich also morgens in den Spiegel schaue, dann nehme ich mich nicht mehr so wahr, wie ich es früher tat. Allerdings mache ich das nicht mehr so oft und intensiv, da ich mittlerweile morgens lieber bis zur letzten Minute schlafe, und dann muss es so schnell gehen, dass meine Augen noch gar nicht richtig offen sind, wenn ich einem Spiegel begegne. Ich stehe auf, gehe ins Badezimmer, putze mir die Zähne, wasche mir das Gesicht, ziehe mich an und gehe zur Arbeit. Klar schaue ich in den Spiegel, aber es ist, als würde ich das, was ich sehe, gar nicht richtig wahrnehmen. Nicht, weil ich fürchte, was mein Spiegelbild in mir auslösen könnte oder weil ich nicht hinsehen mag. Es ist einfach so, dass es mich gar nicht so sehr interessiert, jedenfalls nicht morgens, bevor ich zur Arbeit gehe.

Natürlich habe auch ich Momente, wo ich mich gerne im Spiegel ansehe, weil ich mich gerade richtig gut fühle und weiß, dass ich das ausstrahle. Dadurch wiederum fühle ich mich noch besser, aber größtenteils ist es mir tatsächlich völlig schnuppe, wie ich aussehe. Denn ich weiß, dass ich nicht auf die Welt gekommen bin, um hübsch aus-

Du bist nicht auf der Welt, um anderen zu gefallen.

zusehen und anderen zu gefallen. Das bist du übrigens auch nicht. Es spielt keine Rolle, wo du herkommst, welche Hautfarbe und welche Vorlieben du hast, wie schwer du bist, wie viele Narben deinen Körper zieren und wie dein Leben bisher verlaufen ist. In meinen Augen bist du gut, wie du bist, und das kann ich behaupten, ohne dich zu kennen. Falls du mir nicht glaubst, würde ich gerne wissen, warum. Sag jetzt nicht, dass ich dich doch nicht kenne und deswegen so etwas nicht behaupten kann. Wieso solltest du nicht gut sein, wie du bist? Mir ist es egal, ob du 45 oder 100 Kilo wiegst, genauso egal ist mir, ob und wie viel Cellulite du hast. Ich weiß nicht, wie du aussiehst, aber für mich bist du ein Mensch, der es unabhängig von seinem Aussehen und seinen Macken verdient hat, nicht nur er selbst zu sein, sondern auch glücklich und zufrieden mit sich. Woher ich das Recht nehme, so etwas zu sagen? Ganz einfach, weil es so ist, oder: so sein sollte.

Ich betone das so deutlich, weil unsere Gesellschaft es uns richtig schwer macht, glücklich und zufrieden zu sein. Dass wir in einer Gesellschaft leben, die uns ständig den Spiegel vorhält und versucht, uns vorzuschreiben, wie wir zu leben haben, wie wir aussehen, uns fühlen und verhalten sollen, und dass deshalb viele Menschen verlernt haben, einfach sie selbst zu sein und auf das eigene Herz zu hören, ist ein großes Problem. Warum können wir nicht einfach akzeptieren, dass wir alle einzigartig, deshalb besonders und gut genug sind? Eigentlich müssten diese wenigen Sätze schon ausreichen, um dich davon zu überzeugen, dass du Selbstliebe verdient hast. Eigentlich könntest du dieses Buch jetzt schon zuklappen, weil die geheime Zutat für das Selbstliebe-Rezept dieser eine simple Satz ist:

Ich bin genug, sowas von genug.

Da es aber nicht so einfach ist, diesen einen Satz zu verinnerlichen, und weil ich nicht umsonst viele Tage und Nächte in dieses Werk investiert haben möchte, nehme ich dich mit auf eine Reise, deren Ziel es ist, dass du diesen einen Satz verinnerlichst und aus tiefstem Herzen auch so meinst. Ich kann mit diesem Buch vielleicht nicht die Welt verändern geschweige denn retten, aber wenn ich es geschafft habe, deine Welt ein klein wenig besser zu machen, dann bin ich schon zufrieden. Ich weiß nämlich, wie es ist, wenn man permanent das Gefühl hat, nicht gut genug zu sein. Ich weiß, wie es ist, wenn man tief in sich das Bedürfnis hat, einfach man selbst zu sein, es aber nicht zulassen kann, weil man überall hört, man könnte noch dies und jenes optimieren. Meine Geschichte mit Make-up ist nur ein Vorgeschmack.

Wir leben in einer Gesellschaft, die leider sehr oberflächlich ist. Sie ist schnelllebig und nimmt keine Rücksicht auf sensible Menschen, die – wie ich damals – oft nicht recht wissen, wo sie hingehören. Ständig kommen und gehen Trends, und wenn man cool sein möchte, kann man schnell das Gefühl bekommen, bei allen Trends mitmachen zu müssen. Was uns aber nicht immer bewusst ist: Egal wie oberflächlich oder gefährlich solche Trends sein können, sie werden nur geschaffen, um Geld zu verdienen.

So funktioniert unsere Gesellschaft, und deshalb werden wir täglich mit Angeboten bombardiert, die uns klar machen wollen, dass wir an uns arbeiten müssen. Die *perfekten* Augenbrauen, die immer wohlgeformt sein müssen, weil sie laut Schönheitsexperten so wichtig wären. Und wenn es nicht die Augenbrauen sind, dann sind es die Haare. Wehe, du hast nicht wunderbar gepflegte und *perfekt* frisierte Haare – es wäre doch schade, wenn dein hübsches Gesicht deswegen nicht mehr richtig zur Geltung käme. So etwas habe ich schon oft gehört. Und wenn du schon mit deinem Gesicht nicht punkten kannst, dann solltest du wenigstens regelmäßig ins Fitness-Studio gehen und dabei niemals – ich betone: niemals! – vergessen, Squats (umgangssprachlich auch Kniebeuge genannt) zu machen oder andere Übungen, die deinen Körper straffen. Denn ein runder, knackiger Po ist heute ein Muss, sonst ist man als Frau nicht sexy.

Da wir gerade von *sexy* sprechen: Es gibt mittlerweile unzählige Programme und Guides, die dir versprechen, endlich eine Traumfigur zu bekommen. Du musst nur zwei Dinge dafür tun: Geld ausgeben, da solche Programme nicht gratis sind, und durchhalten, egal wie wenig oder einseitig du isst und wie viel Sport du machen musst, der dir möglicherweise nicht mal richtig Freude bereitet. Und falls diese Wege nicht das gewünschte Resultat erzielen, gibt es ja noch Schönheitsoperationen. Heute gibt es praktisch nichts, was man nicht operieren könnte. Es gibt also immer neue und immer mehr Möglichkeiten, deinen Körper zu verändern und alle davon haben nur einen Zweck: Umsatz zu machen mit deiner Unsicherheit.

Vielleicht hast Du schon gemerkt, wie sehr mich diese ganzen Schönheitszwänge und Maßnahmen nerven. Sie nerven mich, weil sie Menschen unter Druck setzen und in dem Glauben lassen, niemals gut genug zu sein. Sie nerven mich, weil wir kaum einen Tag verbringen können, ohne irgendwo zu lesen oder zu hören, dass man nur etwas wert ist, wenn man einem ganz bestimmten körperlichen Ideal entspricht. Sie nerven mich, weil sie keine Rücksicht auf Individualität nehmen und nur dazu da sind, Geld zu verdienen. Sie nerven mich, weil sie nicht nur mein Wohlbefinden negativ beeinflusst haben, sondern auch das von Millionen anderen Menschen weltweit.

Mir ist das alles irgendwann zu anstrengend geworden, und heute habe ich mich von dem Druck, für andere schön sein zu müssen, losgesagt. Das heißt aber nicht, dass ich mich nicht schön finde, im Gegenteil: Ich finde mich an den meisten Tagen sogar wunderschön, und dieses Gefühl, das zu mögen, was ich im Spiegel sehe, ist toll. Nicht, weil ich anderen gefallen möchte oder davon überzeugen müsste, dass ich schön bin. Denn ich bin definitiv nicht auf die Welt gekommen, um anderen zu gefallen. Es tut so gut, in den Spiegel zu schauen und sich über sich selbst zu freuen. Man darf sich schön finden – das hat absolut nichts mit Arroganz zu tun. Viele verwechseln Selbstliebe mit Arroganz, aber arrogant ist man erst, wenn man denkt, man sei besser als andere, und darum geht es hier überhaupt nicht.

Bedingungslose Selbstliebe ist nicht das Gleiche wie Arroganz! Ich würde es eher rebellisch nennen, da sich selbst zu lieben tatsächlich schon fast ein rebellischer Akt ist in einer Welt, die dir immer wieder sagt, dass du das nicht darfst. Ich weiß nicht, wie es dir geht, aber ich bin gern

Du hast hiermit die Erlaubnis, dich selbst schön zu finden.

rebellisch, wenn es darum geht, mich von Schönheitsidealen zu distanzieren und für eine Welt zu kämpfen, die es nicht nur mir ermöglicht, mich selbst und andere so, wie sie sind, zu akzeptieren.

Denn Vielfalt ist das, was wir auf den Straßen sehen, und nicht das, was die Medien uns tagein tagaus vorbeten. Rebellisch darfst du immer sein, gerade und vor allem auch, wenn dich Diät-Gedanken plagen. Oder wenn eine Stimme in deinem Kopf dir sagt, deine Figur sei nicht schön genug für dieses eine Kleid, das dir so gut gefällt. Oder wann immer du denkst, du müsstest erst etwas leisten, um Selbstliebe zu verdienen. Rufe in solchen Situationen „STOPP!".

Vor allem darfst du aber rebellisch sein, wenn jemand dir zu verstehen gibt, dass du dich nicht selbst lieben dürftest. Natürlich darfst du dich selbst lieben, dazu brauchst du weder eine Genehmigung von jemand anderem noch gibt es Aufnahmebedingungen im Club „Selbstliebe". Natürlich gibt es auch bei mir Tage, da schaue ich in den Spiegel und fühle mich vielleicht etwas weniger schön. Es juckt mich dann aber null, wie ich aussehe, weil ich heute im Gegensatz zu früher weiß, dass ich mich nicht schön fühlen *muss,* um den Tag zu bewältigen, um meinen Job ausüben oder mich mit Menschen, die ich mag, treffen zu können.

Der Unterschied zu früher ist auch, dass ich nur für mich entscheide, was Schönheit in meinen Augen bedeutet, und ich weiß, dass nicht allein das Aussehen die Schönheit eines Menschen ausmacht. Wir alle sind mehr als unsere Hülle. Du hast bestimmte Eigenschaften, die wunderbar sind. Eigenschaften, auf die du insgeheim stolz bist, weil sie nicht nur dein Leben, sondern auch das Leben anderer bereichern. Es ist wichtig, dass du dich immer wieder daran erinnerst und dass dir bewusst ist, dass du

wichtig und wertvoll bist. Ich bin mir sicher, dass du so einiges an dir magst, und wenn du dir das aufschreibst, dann wirst du dich gut fühlen. Trau dich!

Vielleicht schreibst du dir nach unserer gemeinsamen Übung einige Punkte auf einen Post-it-Zettel und klebst ihn an einen Spiegel, in den du häufig schaust. Denn so kannst du dich immer wieder daran erinnern, dass du gut genug bist. Wer dich nicht so nimmt, wie du bist, hat Pech gehabt. Du bist nämlich toll, und insgeheim weißt du das auch. Außerdem gibt es dich nur ein einziges Mal.

Also schreib alles auf, was dich ausmacht, was du an dir magst, egal ob es Charakterzüge sind oder Teile deines Körpers. Stärke den kleinen Selbstliebe-Rebell in dir, los! ♥

DINGE, DIE ICH AN MIR MAG

So stärkst du den Selbstliebe-Rebell in dir

Lass sie reden

Du musst lernen, deine Ohren vor verletzenden Aussagen zu schützen. Denn du wirst in deinem Leben immer wieder auf Menschen treffen, die dich nicht schön und gut finden, wie du bist. Menschen, die versuchen, dich zu verändern. Menschen, die dich kritisieren oder sogar beleidigen, und Menschen, die unzufrieden mit sich selbst sind und deshalb ununterbrochen von Diäten und vom Abnehmen reden. Solche Menschen können einen negativen Einfluss auf den Selbstliebe-Rebell haben. Egal wie verlockend diese eine neue Diät ist oder wie gemein der eine Kommentar über dein Aussehen war, du musst dir solche Sachen nicht mehr anhören. Stell dir ein Kind vor, das seine Ohren zuhält, weil es seiner Mama nicht zuhören möchte, und dabei blablabla schreit. Genauso solltest du das auch machen, allerdings gedanklich. Denn du bist erwachsen, und herumzuschreien ist vielleicht nicht die optimale Lösung. Aber im Ernst: Lass so etwas nicht an dich heran.

---------------------------------- ----------------------------------

Sei gut zu dir

Der Selbstliebe-Rebell in dir kann schnell stärker werden, aber nur, wenn du es auch zulässt und ihm dabei hilfst. Wenn du jedoch permanent gegen ihn schießt und Dinge sagst wie „Ich bin niemals gut genug." oder „Ich bin nicht schön." oder „Ich tauge zu nichts.", dann schafft er es kaum und verkriecht sich lieber wieder. Trotz deiner angeblichen Makel bist du perfekt!

Auf deine Art. Lass dies den Selbstliebe-Rebell immer wieder wissen. Es tut nämlich gut, wenn man weiß, dass man gut ist, wie man ist. Dieses Wissen gibt einem ganz schön viel Mut und Kraft, sich gegen Schönheitsideale zu wehren und sich von dem Druck, den diese Ideale erzeugen, befreien zu können.

-------------------------------- --------------------------------

HINFALLEN IST OKAY, HAUPTSACHE, DU STEHST IMMER WIEDER AUF.

Manchmal wirst du das Gefühl haben, dass der Selbstliebe-Rebell sich verkriechen möchte und dich nicht so tatkräftig unterstützt, wie du es gerade brauchst. Das ist normal. Es kommt immer mal vor, dass man einen schlechten Tag oder eine schlechte Phase hat. Auch solche Gefühle und Erfahrungen sind wichtig, damit man sich selbst kennenlernt und weiß, was einen runterzieht, aber auch, wie man sich selbst wieder aufbauen kann und was einen glücklich stimmt. Je besser du dich kennst, desto besser kannst du den Selbstliebe-Rebell in dir wieder stärken. Er weiß, dass Hinfallen okay ist. Du musst ihm einfach helfen, wieder aufzustehen. Verzeih dir, wenn du nicht gut zu dir und zu deinem Selbstliebe-Rebell gewesen bist.

MÄRZ 2013

Eines Abends im Bett scrollte ich wie so oft durch Instagram und schaute mir an, was die Menschen, die ich abonniert hatte, mit der Welt teilten. Ich folgte einigen Food-Accounts, die ihr Essen so schön herrichteten wie in Magazinen. So wie es kein normaler, arbeitender Mensch tun würde, der einem Job nachgeht. Man bekommt den Eindruck, dass diese Menschen die Fotos nur posten, um „Gefällt mir"-Angaben zu generieren. (Nun ja, diejenigen, die etwas mehr Zeit auf Instagram verbringen, wissen, dass das dort üblich ist. Schön ist es allemal anzusehen, das machen auch Menschen, die keine Blogger sind. Denn heute fotografiert man im Gegensatz zu früher immer wieder sein Essen, egal ob für Instagram, Facebook, Whatsapp oder für seine Freunde.) Es lohnte sich, dort nach Inspiration zu suchen, denn alles sah so lecker aus. Ich speicherte einige Rezepte ab, die ich später ausprobieren wollte (was ich letztendlich sehr selten tat). Außerdem folgte ich auch einer Handvoll Freunde, die so wenig posteten wie ich. Instagram war für mich damals nichts Besonderes. Bis ich auf ein Profil stieß, durch das sich mein Lebensstil komplett änderte.

Du musst wissen, dass ich sowohl in meiner Kindheit als auch in meiner Jugend nie besonders sportlich gewesen bin. Um ehrlich zu sein: Ich war überhaupt nicht sportlich. Ich war richtig bewegungsfaul. Ich zog ein Buch oder den Fernseher Sport vor. Ich war zwar viel draußen mit Freunden und bewegte mich dadurch auch, aber ich hatte im Gegensatz zu vielen meiner Mitschüler nie den Drang, richtig sportlich tätig zu sein. Ich versuchte auch, in Vereinen oder bei verschiedenen Veranstaltungen die Freude für irgendeine Sportart zu entdecken. Volleyball, Basketball, Joggen – ich habe vieles ausprobiert, aber sobald die Anstrengung mir zuwinkte, winkte ich zurück und kehrte dem Sport den Rücken.

Das Problem war nur, dass ich insgeheim so dünn sein wollte wie viele meiner Freundinnen. Ich hatte immer das Gefühl, ich müsste abnehmen, schlanker sein und vor allem einen flacheren Bauch haben. Wie oft habe ich mir diese Wölbung in meiner Körpermitte weggewünscht. Ich wurde in meiner Jugend mehrfach von Jungs ausgelacht, „dick" hatten sie mich immer wieder genannt, obwohl ich nie wirklich dick war. Ich hatte ein Bäuchlein und etwas breitere Arme und Beine als die meisten meiner Mitschülerinnen, aber dick war ich nie.

Egal ob dick oder nicht, niemand hätte das Recht gehabt, über meinen Körper zu urteilen, aber was wusste ich damals schon? Für mich war es normal. Eigentlich hätte schon damals mein Selbstbewusstsein in sich zusammenfallen müssen. Das tat es aber nicht, auch wenn es leicht angeschlagen war, weil mir damals bewusst war, dass ich nie so aussehen würde, wie ich es mir wünschte. Klar weinte ich dann abends bei Mama zu Hause, denn solche Aussagen waren immer wieder verletzend. Doch meine Mama baute mich jedes Mal wieder auf und erinnerte mich daran, dass ich genau so, wie ich war, gut war. Dafür bin ich ihr heute noch dankbar, denn ich wüsste nicht, wie ich mich sonst auf die Schule hätte konzentrieren können. Schließlich ist gerade die Jugend eine wichtige Phase der Selbstfindung. Man beginnt sich zu fragen, wo man im Leben steht, was aus einem werden soll, wie man bei anderen ankommt und … ihr wisst schon.

Heute ist mir egal, was andere von mir denken, damals drehte sich aber vieles letztlich um die Frage: Wie komme ich bei den anderen an? So sehr ich mir meinen Bauch wegwünschte, so sehr wusste ich, dass das wohl niemals passieren würde, schließlich war ich schon immer so - seit ich denken konnte. Außerdem war meine Faulheit einfach zu groß. Ich hatte die Tatsache akzeptiert, dass ich einen kleinen Bauch hatte, so wie ich mich damit abgefunden hatte, schlaffe und etwas fülligere Arme zu haben. Meine Beine waren immer wieder eine Qual, besonders an heißen Sommertagen. Stell dir vor (oder vielleicht kennst du dieses Problem sogar), du gehst abends raus, um mit Freunden oder der Familie ein paar schöne Stunden zu verbringen, und nach nicht einmal zwanzig Minuten kannst du schon nicht mehr laufen, weil die Innenseiten deiner Schenkel sich anfühlen, als hätten sie Feuer gefangen, und das nur, weil du dich entschieden hast, ein Kleid oder kurze Hosen zu tragen. Die Reibung meiner Innenschenkel ist heute noch eine Qual, aber heute nehme ich es einfach hin. Es gibt zwar diverse Tricks, die mir empfohlen wurden, um diese Schmerzen zu vermeiden, wie zum Beispiel einen Deo-Stick aufzutragen, damit man die Reibung nicht mehr spürt. Doch bei mir half bisher leider nichts. Falls du also einen Tipp hast, immer her damit! Heute würde ich liebevoll sagen, dass das linke und das rechte Bein sich einfach gern haben und sich deshalb heiß und innig küssen. Ein bisschen Spaß muss sein.

Ich versuche seit einiger Zeit, meine negativen Gedanken immer wieder in eine positive Richtung zu lenken, was mittlerweile sehr gut klappt. Doch damals wünschte ich mir nur, endlich von diesen Qualen befreit zu sein, und dachte, wenn ich anfangen würde, Sport zu treiben, wäre dieses Problem beseitigt, da meine Beine dadurch an Umfang verlieren würden. Trotzdem war ich nicht bereit, meine Freizeit für Sport zu opfern. Also blieb mir nichts anderes übrig, als einfach weiterzumachen wie bisher. Doch an einem Abend war alles anders.

Ich weiß noch ganz genau, wie erschöpft ich an diesem Abend war. Ich hatte einen anstrengenden Tag hinter mir und war froh, einfach noch kurz vor dem Schlafen abschalten zu können. Doch da auch ich in dieser digitalisierten Welt zuhause war und bin, ging ich selten ins Bett, ohne vorher die sozialen Medien abzuchecken. Ich öffnete also zuerst Facebook, scrollte ein wenig durch, nur um zu sehen, dass wieder nichts Weltbewegendes im Leben meiner Freunde passiert ist, und wechselte dann zu Instagram. Dort blieb ich an einem Bild hängen. Es war ein Vorher-Nachher-Bild, so eines, was man heute ständig sieht, wenn man etwas Zeit auf Instagram verbringt. Auf dem linken Bild sah man ein junges, hübsches Mädchen, das heute in den Augen vieler als übergewichtig angesehen werden würde. Rechts sah ich ein und dasselbe Mädchen, das - um einiges schlanker - kaum wiederzuerkennen war. Ich war hin und weg! Auf einmal packte mich ein Gefühl, das ich noch nie verspürt hatte. Ein Gefühl, etwas verändern zu müssen und es dieses Mal auch zu können.

Ich konnte es damals nicht beschreiben, doch heute weiß ich, dass es unbändige Motivation war. Ich wollte das erreichen, was dieses Mädchen erreicht hatte. Ich sah ihr Bild an und dachte mir: „Morena, wenn sie das schafft - und sie war um einiges dicker als du - dann schaffst du das auch! Egal wie viel Zeit und wie viel Mühe das machen wird. Du kannst alles erreichen!" Dieses Gefühl wurde von der Vorfreude begleitet, endlich meinem Idealbild zu entsprechen. Ich wusste, dass es eine lange Reise wird, und doch freute ich mich bereits auf das Ergebnis. Ich wusste, ich fühlte, dass ich irgendwann auch dünn sein würde, und das fühlte sich damals unglaublich toll an. Da ich aber nicht wusste, wie und wo ich am besten anfangen sollte, klickte ich mich durch ihre Bilder, die mich alle irrsinnig motivierten, selbst fit und schlank zu werden. Gleich am nächsten Tag kaufte ich mir ihrem Rat folgend ein Sportmagazin, um mir dort weitere Inspiration zu holen und vor allem um mein Nichtwissen über Fitness, Ernährung und Gesundheit nach und nach aufzuholen.

> Für mich zählte nicht mehr, was ich eigentlich gern mochte, sondern was getan werden musste, um mein Ziel zu erreichen, und zwar so schnell wie möglich.

In den folgenden Monaten tastete ich mich langsam an verschiedene Sportarten heran. Ich fing an zu laufen, obwohl ich das bis zu diesem Zeitpunkt immer verabscheute. Ich wusste, dass diese Art von Ausdauertraining sehr effektiv war. Außerdem machten das damals viele auf Instagram, also musste was dran sein. Für mich zählte nicht mehr, was ich eigentlich gern mochte, sondern was getan werden musste, um mein Ziel zu erreichen, und zwar so schnell wie möglich. Plötzlich fiel mir nichts mehr schwer, und ich war bereit, alles in Kauf zu nehmen. Wichtig war nur, dass ich diesem einen Idealbild näher kam.

Doch was ist ein Idealbild? Jeder Mensch hat eine eigene Vorstellung davon, was „ideal" für ihn oder sie bedeutet. Manche wünschen sich, dünn zu sein, während wieder andere sich wünschen, sie hätten mehr Kurven. Es gibt kleinere Frauen, die gern größer sein möchten, genauso gibt es auch größere Frauen, die gern kleiner wären. Die, die große Brüste haben, möchten eine Körbchengröße kleiner haben, und umgekehrt. Natürlich gibt es auch Frauen, die komplett zufrieden mit sich sind, zum Glück. Aber um die geht es hier nicht vorrangig. Meine Idealvorstellung ist bestimmt nicht die gleiche wie deine Vorstellung von einer Traumfigur, und deine gleicht nicht der einer anderen Frau. Wir alle haben unterschiedliche Ansichten, und doch habe ich in den letzten Jahren gemerkt, dass - egal wie unterschiedlich unsere Bilder im Kopf sind - sie sich trotzdem ähneln. Wieso? Weil uns die Modeindustrie vorgibt, welche Figur angeblich in das perfekte Kleid hineingehört und welche nicht. Sie wird kräftig vom Fernsehen, Magazinen und der Werbung unterstützt. Die, die dem Idealbild entsprechen, sind meistens auch die, die angesagt sind.

Na gut, auch ich wollte angesagt oder einfach nicht mehr diejenige sein, die ein Wohlfühlbäuchlein hat und dafür ausgelacht wird. Also fing ich mit Sport und gesunder Ernährung an, um diesem Ziel näherzukommen. Ich wusste damals nicht, wie viel Sport ich am besten machen sollte. Ich wusste auch nicht, welche Sportart am effektivsten ist. Ich wusste nur, dass ich es ausprobieren musste. Mit diesem Unwissen und mit meiner Motivation kam es letztendlich so weit, dass ich täglich mindestens eine Stunde Sport trieb. Manchmal waren es aber auch zwei, manchmal drei Stunden. Ich war damals gerade in der Prüfungsphase und verbrachte Wochen zu Hause, um zu lernen. Ein bisschen Sport zwischendurch alle vier Stunden war also eine willkommene Abwechslung, um meinen Kopf zu entlasten. Ich fühlte mich gut und genoss es tatsächlich.

Schon nach wenigen Wochen bemerkte ich erhebliche Unterschiede. Diese Tatsache schenkte mir erneut Motivation. Ich war süchtig nach Ergebnissen, süchtig nach noch weniger Körperfett, süchtig nach diesem erfüllenden Blick in den Spiegel, süchtig danach, noch mehr Abstand zwischen meinen Bauch und meine alten Hosen zu bringen. Während ich meinen Körper immer wieder ans Limit brachte, eignete ich mir Wissen über Sport und Ernährung an. Wie du dir vielleicht vorstellen kannst, habe ich nicht nur Bewegung in mein Leben integriert, sondern auch eine komplett neue Ernährungsweise. Überall las ich, dass man mit Fitness zwar Erfolge erzielen kann, doch mit der „richtigen" Ernährung ist noch mehr möglich. Ich nahm sehr viele Informationen aus unterschiedlichsten Quellen auf, und alles hörte sich überzeugend an, jede schien die einzig richtige Wahrheit zu sein. Was blieb mir anderes übrig, als alles auszuprobieren? So wie mit dem Sport habe ich auch bezüglich der „gesunden" Ernährung maßlos übertrieben, wie ich heute weiß.

Was anfangs noch gut gemeint war, endete in einer gefährlichen Entwicklung, die nicht mehr zu bremsen war. Ich merkte nicht einmal mehr, wie ich von Woche zu Woche, von Tag zu Tag weniger aß. Ich sah meine übertriebene Motivation als Segen an. Ich wusste nicht, wie lange mir diese Motivation erhalten bleiben

> Ich war süchtig nach Ergebnissen, süchtig nach noch weniger Körperfett, süchtig nach diesem erfüllenden Blick in den Spiegel, süchtig danach, noch mehr Abstand zwischen meinen Bauch und meine alten Hosen zu bringen.

würde, also habe ich diese Situation ohne jedes Maß ausgenutzt. Es war ja nicht so, dass ich nichts mehr aß. Ich aß nur immer weniger ausgewogen. Irgendwo las ich, dass Kohlenhydrate böse seien, genauso wie bestimmte Fette. Unbewusst fing ich an, alle Lebensmittel in die Kategorien gut und böse einzuteilen. Je mehr ich über Ernährung erfuhr, desto radikaler verlief diese Kategorisierung und desto einseitiger wurde meine Ernährung. Denn es blieb nicht nur beim Kategorisieren im Kopf. Ich verbannte diese Lebensmittel komplett aus meinem Alltag.

Da ich trotzdem nicht auf alles verzichten wollte, weil die Lust nach Pasta, Pizza und Schokolade noch da war, plante ich manchmal einen Tag in der Woche ein, an dem ich nicht so streng mit mir war. In der Fitnesswelt bezeichnet man diesen Tag *liebevoll* als *Cheatday*. Wenn ich dieses Wort wie auch das Wort *Diät* heute höre, kann ich nicht anders, als meine Augen zu verdrehen. Jeder, der Englisch-Kenntnisse hat, weiß, dass *to cheat* auf Deutsch *betrügen* bedeutet. Wen betrügt man? Sich selbst. Du hältst an sechs Tagen Diät, und dann darfst du an einem Tag so richtig zuschlagen und all das essen, was du dir sechs Tage verboten hast. Du gibst an diesem einen Tag dem Körper das Gefühl, dass er doch nicht hungern muss, damit du am nächsten Tag normal mit deiner Diät fortfahren kannst. Du schummelst. Und du betrügst dich und deinen Körper. Ich merkte aber nicht, wie schlecht dieses Vorgehen für mich war. Anfangs klappte es ganz gut, und ich aß tatsächlich von Montag bis Freitag sehr streng nach Plan, um mir dann am Samstag oder Sonntag etwas zu *gönnen*. Diese Methode war gut für meinen Stoffwechsel, behaupteten Fitnessexperten.

Dieses Denken hat meine ganze Beziehung zum Essen, zu meinem Körper und meine Freude an Bewegung zerstört. Denn ich verband Sport von da an mit Essen, und demzufolge machte ich mein Essen von den absolvierten Sporteinheiten abhängig. Umgekehrt funktionierte das leider genauso: Wenn ich mich überaß, hatte

> Ich hatte die Verbindung zu meinem Körper langsam verloren.

ich am selben Tag keine Lust mehr, mich zu bewegen, weil ich dachte, es würde sowieso nichts mehr bringen. Der Sport würde es nicht mehr ausgleichen können, es sei denn, ich würde den ganzen Tag im Fitness-Studio verbringen. Außerdem hat es dazu geführt, dass ich anfing, mich anders wahrzunehmen.

Ich hatte die Verbindung zu meinem Körper langsam verloren. Ich sah mich als dick, sobald ich mehr gegessen hatte als üblich. Ich fing an, mir den ganzen Tag den Kopf darüber zu zerbrechen, was die zuvor „zu viel" eingenommenen Kalorien mit meinem Körper anstellten. Ich fragte mich immer wieder, wie schnell man nach einem reichhaltigen Essen eigentlich zunehmen konnte, denn ich hatte das Gefühl, dass das sofort passiert. Ich bildete mir ein, dass ich innerhalb weniger Stunden aufgehen würde wie ein Ofenküchlein. Natürlich ist das nicht so, doch ich kannte mich in diesem Bereich damals noch zu wenig aus, um mich selbst beruhigen zu können. Und eine Zunahme wollte ich unbedingt vermeiden. Also hat mein Kopf ohne mein Einverständnis entschieden, mich aufgrund dieser *Cheat Days* zu bestrafen, indem ich unter der Woche immer strikter und weniger aß.

Ich hatte niemanden, der mein Verhalten beobachtete, da ich den Tag über allein war und essen (oder nicht essen) konnte, was und wie ich wollte. Ich war auf mich allein gestellt und total überfordert. Abends jedoch kam es oftmals zu Streit, weil ich dann eben nicht mehr allein war und nicht entscheiden konnte, was es zu essen gab. Als Tochter einer italienischen Mama war es praktisch unumgänglich, Pasta zu essen, und da meine Mama abends für uns beide kochte, gab es Streit. Früher hatten wir beide das gegessen, worauf wir Lust hatten, und ich wurde so erzogen, dass ich das essen musste, was auf den Teller kam. Meine Mama hatte bis zu diesem Zeitpunkt keinerlei Probleme mit mir, da ich ihr nie

Schwierigkeiten bereitete. Natürlich hatte ich von mehreren Seiten gehört, dass Pasta und Kohlenhydrate am Abend nicht von Vorteil seien, wenn man abnehmen möchte.

Meine Mama wusste irgendwann tatsächlich nicht mehr, was sie kochen darf und was nicht, da ich bei vielen Dingen, die ich auf dem Teller sah, Panik bekam. Generell kam es zu Streit, wenn es ums Thema Essen ging, weil ich einfach panische Angst vor Veränderungen in meinem Ernährungsplan hatte. Es lief eigentlich nur dann gut, wenn ich mich an meine strikte Ernährungsweise hielt. Sobald etwas oder jemand dazwischenkam, fingen die bösen Gedanken wieder an, und ich fragte mich immer wieder, wie ich das Ganze überstehen sollte. Einmal, während ich eine Sequenz des Fitness-DVD-Programms durchtrainierte und schwitzte und jede Faser meines Körpers spürte, kam meine Mama mit zwei Burgern von McDonalds nach Hause. Sie wollte mir eine kleine Freude machen. Und ich? Vor lauter Verzweiflung fing ich an, zu weinen und ihr die Schuld daran zu geben, dass ich niemals dünn sein würde. Natürlich bereute ich meine Reaktion schon zwei Sekunden später, da sie nichts dafür konnte und es nur lieb gemeint hatte. Und auch jetzt, wo ich diese Zeilen schreibe, tut es mir wieder unendlich leid.

Jedes Fest, jede Veranstaltung, jede Verabredung bedeuteten immer Stress für meinen Kopf. Die Gedanken, die mir große Sorgen bereiteten, fingen schon vorher an, begleiteten mich während des Essens und ließen mich nicht in Ruhe, bis ich einschlief. Vor jedem Einschlafen versprach ich mir und meinem Körper, alles wieder gutzumachen. Ich versprach ihm, am nächsten Morgen früh aufzustehen und diese Kalorien wieder zu verbrennen. Ich versprach ihm, dass er niemals wieder so aussehen würde wie früher. Ich versprach mir selbst, nie wieder einen Schritt zurück zu machen, denn in Zukunft würde ich mich kontrollieren. Das nächste Mal würde ich stärker sein als diese unbändige, überwältigende Lust auf Essen.

Denn jedes Mal, wenn ich versuchte einzusehen, dass man das Essen mit Freunden oder mit der Familie genießen sollte, und deshalb normal zu essen versuchte, blieb es nicht normal. Ich aß weit über das Satt-Gefühl hinaus, versuchte alles aufzunehmen, was ich aufgrund meiner veränderten, strikten Ernährungsweise so lange nicht mehr gegessen hatte. Vor allem Buffets, bei denen man immer wieder den Teller nachfüllen kann, waren eine Qual. Einmal angefangen, wusste ich nicht, wie ich aufhören sollte zu essen. Die ersten Bissen lösten wunderbare Gefühle aus. Gefühle der Befreiung, von Erlösung, ein Ende der Verbote. Doch schon nach wenigen Minuten überwog das Gefühl des Versagens, des Kontrollverlustes, der Gewissensbisse, und ich aß und aß. Da in meinem Kopf sowieso schon ein Chaos herrschte und ich der Meinung war, alles versaut zu haben, habe ich einfach weitergegessen. *Morena, du hast jetzt sowieso schon übertrieben. Jetzt sind deine Bemühungen für heute eh schon umsonst. Iss einfach weiter. Morgen achtest du wieder strikt auf deine Ernährung.*

Während ich also weiter aß, plante ich meine Mahlzeiten für den nächsten Tag. Damit konnte ich mich wenigstens ein bisschen beruhigen und so den Abend halbwegs genießen. Tief in mir wusste ich eigentlich immer, was gut für mich war und was nicht. Ich wusste, dass dieses Verhalten mir nicht gut tat, und trotzdem verlor ich den Bezug zu mir selbst, weil der Wunsch nach einem dünnen Körper einfach noch zu groß war. Da war diese gemeine, kleine und doch mächtige Stimme in mir, die mir sagte, ich müsse unbedingt endlich dünn werden. ♥

2
SEI MUTIG

Für welche deiner Wünsche fehlt dir der Mut? Was erlaubst du dir erst zu tun, wenn du dünn bist?

Weißt du, was mir enorm dabei geholfen hat, stärker und selbstbewusster zu werden? Dinge zu tun, die ich gern tun wollte, für die ich aber bis dahin zu ängstlich war. Wie lange habe ich andere für ihren Kleidungsstil bewundert und mir gewünscht, auch endlich meinen Stil zu finden anstatt mich in unauffälliger, dunkler und weiter Kleidung zu verstecken. So oft habe ich mir Teile an mir vorgestellt, und trotzdem habe ich sie nie gekauft, weil ich zu unsicher war.

Vielleicht kennst du diese Situation: Du möchtest eigentlich total gern diesen einen roten Lippenstift tragen, denkst aber, er sei zu knallig, zu auffällig? Vielleicht hast du ihn bereits zu Hause, aber traust dich nicht, ihn aufzutragen, und wenn, dann nur am Abend, damit er ja nicht auffällt. Vielleicht ist es nicht der Lippenstift, der dir Angst einjagt, vielleicht ist es ein Kleidungsstück, das du besitzt, das du aber zu extravagant, zu ungewöhnlich findest für dich. Vielleicht weil du denkst, du wärst zu unscheinbar für so etwas. Vielleicht denkst du, es steht anderen besser als dir. Vielleicht möchtest du aber auch einfach keine Aufmerksamkeit auf dich ziehen, weil du Angst vor den Folgen hast, Angst vor Blicken, Angst vor Kommentaren. Vielleicht denkst du, du hättest es nicht verdient, positiv aufzufallen. Du verpasst Momente und verzichtest auf Dinge, weil deine Angst und deine Unsicherheit dich zurückhalten.

Mach dir keinen Kopf und gib dir nicht die Schuld, wenn du etwas vorsichtiger bist als andere, die du so bewunderst. Ich bin auch nicht immer der Mut in Person, sondern eher ängstlich. Ich war etwa sieben Jahre alt, als meine vierjährige Cousine mich voller Freude auf eine Mini-Lokomotive für kleine Kinder gezerrt hat. Panik machte sich in mir breit, und dann kam noch ein hysterischer Heulkrampf dazu, obwohl diese Lokomotive wohl nicht schneller als 10 km/h gefahren ist und kleinere Kinder als ich mitfuhren, und alle hatten sie Spaß. Heute noch erzählt meine Mama diese Geschichte, um anderen zu zeigen, *wie* ängstlich ihre Tochter ist, und findet es natürlich total witzig. Ich muss gestehen, sogar ich finde diese Geschichte inzwischen witzig. Was ich aber gar nicht witzig finde, ist die Angst, die mich blockieren möchte, Dinge zu tun, wie zum Beispiel die Angst, die mich ganz lange davon abhielt, dieses Buch zu schreiben.

Ich habe zwei ganze Jahre gebraucht, um dieses Buch fertigzustellen, weil ich dachte, ich hätte nicht das Zeug dazu oder jemand anders könnte das besser als ich. Und als ich richtig motiviert war und ein paar Kapitel geschrieben hatte, kamen mir plötzlich tausend Gründe in den Sinn, wieso ich aufgeben sollte. Ich war mehrmals kurz vor dem Aufgeben und habe es oft einfach weggelegt und gedacht, ich sei nicht gut genug, um mich Autorin nennen zu dürfen. Dabei stand ich mir einfach nur selbst im Weg – wie so oft im Leben. Dabei wusste ich eigentlich dank meiner Arbeit als Bloggerin von Anfang an, dass ich dazu fähig bin, Menschen mit Worten zu berühren. Aber bei dem Gedanken, mit meinen Worten ein Buch zu füllen, stieg dann doch Unwohlsein in mir hoch. ·

Die Wurzeln meiner Unsicherheit liegen in der Vergangenheit. Denn als Schülerin mit ausländischen Wurzeln wurde mir in der Schule von mehreren Lehrerinnen und Lehrern immer wieder gesagt, es sei nicht so schlimm, wenn ich die deutsche Sprache nicht so gut beherrsche und mich nicht so gut ausdrücken kann wie meine Mitschüler, ich sei ja schließlich keine Schweizerin. Ich hatte also tausend Gründe im Kopf, wieso es besser ist, doch nicht dieses Buch zu schreiben. Trotzdem war der Wunsch immer da, irgendwo in der hintersten Ecke meines Kopfes. Ein Wunsch, der mich nicht loslassen wollte.

Irgendwann habe ich mir selbst ganz viel Mut zugesprochen und es gewagt. Ich war schon immer sehr ängstlich. Ich hatte vor jeder kleinen Änderung, vor jedem noch so kleinen Schritt in meinem Leben Angst, und auch nun, wo ich 25 Jahre alt bin, muss ich mich manchmal wahnsinnig überwinden, etwas zu tun. Angst gehört zum Leben dazu und schützt uns. Ohne Angst würden wir wahrscheinlich viel Blöd-

> Das Gefühl, sich etwas getraut zu haben, ist ein wahnsinnig gutes Gefühl, besonders wenn die Veränderung viel Überwindung gekostet hat.

sinn tun wie beispielsweise vor herannahende Autos springen. Das klingt vielleicht übertrieben, aber genau das macht die Angst: Sie schützt uns vor möglichen Gefahren.

Aber nicht alles ist eine Gefahr. Angst vor etwas zu haben bedeutet nicht, dass man es nicht tun kann. Du kannst nämlich alles tun, wenn du es nur möchtest. Angst lässt dich lediglich zögern, vorsichtig sein und manchmal vielleicht auch zweifeln. Aber wenn du einmal etwas gemacht hast, wovor du Angst hattest, dann ist das sehr bedeutsam: Es ist ein kleiner Schnitt in ein festes Band, das dich davon abhält, deine Träume zu verwirklichen.

Mit jedem mutigen Schritt wird dieser Schnitt größer und größer, bis dieses Band irgendwann zerreißt und du mutiger bist als jemals zuvor. Du musst den ersten Schritt wagen: Trage den roten Lippenstift, der bisher zu auffällig schien, oder das Kleid, die enge Jeans und die Hotpants, von denen du dachtest, sie wären irgendwie nicht für dich gemacht. Frage dich bei Gelegenheit sogar, wieso du überhaupt denkst, dass du diese Sachen nicht tragen darfst. Gibt es Gesetze, die uns diktieren, welcher Mensch was anziehen darf? Nein, die gibt es nicht, auch wenn man hin und wieder auf Ratgeber oder auch Blogs stößt, die einem erzählen wollen, welcher Schnitt, welches Muster und welche Farbe zu welchem Typ Körper passt. Du darfst anziehen, was auch immer du möchtest, unabhängig von der Meinung anderer. Hauptsache, *du* fühlst dich wohl und schön.

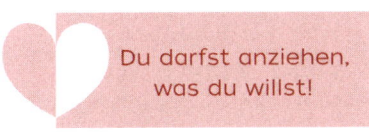

Du darfst anziehen, was du willst!

Wenn jemand dich trotzdem schief anschaut, dann könnte es mehrere Gründe haben:

1. Möglichkeit: Die Person bewundert dich gerade für deinen Mut, denn sie würde gern selbst etwas Ähnliches anziehen. Sie möchte auch so gerne diesen roten Lippenstift tragen, sie traut sich nur (noch) nicht.

2. Möglichkeit: Die Person, die dich schief anschaut, analysiert dich bis ins Detail, um herauszufinden, wie du dich fühlst, wenn du das trägst, was du trägst. Sie selbst ist vielleicht auch etwas unsicher, und vielleicht machst du ihr Mut mit deiner Entscheidung, einfach das zu tun, wonach dir ist. Vielleicht bist ausgerechnet du ihre Inspirationsquelle.

3. Möglichkeit: Die Person, die komisch schaut, findet dich doof. Ja, auch das kann vorkommen, doch es muss dich nicht kümmern, denn du bist ja schließlich nicht auf die Welt gekommen, um anderen zu gefallen. Wenn dich diese Person also schief anschaut, weil sie findet, dass du so etwas besser nicht anziehen und lieber wieder etwas unscheinbarer, unauffälliger rumlaufen solltest, dann liegt das Problem definitiv nicht bei dir. Diese Meinung vertrete ich generell immer, wenn es um *diese* Blicke geht.

Ich weiß, wie es sich anfühlt, wenn Menschen dich anschauen, als hättest du etwas im Gesicht oder zwischen den Zähnen. Man fühlt sich verunsichert und versucht insgeheim herauszufinden, was man falsch gemacht hat oder was der Grund für solche Blicke ist. In den allermeisten Fällen findest du aber niemals heraus, was diese Person in diesem Moment genau gedacht oder gefühlt hat. Es sei denn, du sprichst sie darauf an und fragst nach. Ich könnte das nicht, denn so mutig bin ich nun doch nicht, und sowieso: Egal, was andere denken – ich bin gut, wie ich bin!

Nachdem ich diesen Satz verinnerlicht hatte, habe ich aufgehört, mir die Mühe zu machen, Gedanken von anderen lesen und Blicke deuten zu wollen. Mir ist es mittlerweile herzlich egal, was andere über mich denken. Wenn ich meine Fotos von früher mit den Fotos von heute vergleiche, ist es in etwa mit meiner Schreibentwicklung zu vergleichen. Früher hatte ich bei den Aufsätzen schlechte oder ungenügende Noten, war total verunsichert. Heute bin ich Lehrerin, schreibe Blogs und ein Buch. Ich muss das nochmals betonen, weil ich manchmal selbst noch nicht so recht glauben kann, welchen Weg ich zurückgelegt habe. Das soll dir aber nur zeigen, dass auch du alles schaffen kannst, wenn du es möchtest.

Früher habe ich Kleider getragen, die mich null inspirierten und in denen ich mich nicht wirklich gut fühlte. Sie waren lediglich Mittel zum Zweck, denn irgendetwas musste ich ja anziehen. Heute probiere ich Neues aus.

Wenn mir nach einem Vintage-Look ist, gehe ich in einen Second-Hand-Shop und suche mir ein Outfit aus. Wenn ich dabei aussehe, als wäre ich einem 60er-Jahre-Film entsprungen, und wenn mein Look eben mal nicht gewöhnlich, stinknormal und 08/15 ist? Mir egal, sollen sie doch schauen, Hauptsache, mir gefällt's. Ich ziehe mittlerweile sogar enganliegende Sachen an, auch wenn man mein Bäuchlein sieht.

Das ist etwas, was früher absolut undenkbar war. Je weiter, desto besser, lautete das Motto. Mittlerweile fühlt es sich nicht mehr so an, als wäre es eine Mutprobe. Klar war ich die ersten Male noch etwas unsicher, denn sofort alle Ängste und Zweifel abzulegen ist

nicht einfach, und das musst du auch gar nicht. Hauptsache, man wagt den ersten Schritt, um dann den zweiten, dritten und noch viele weitere Schritte folgen zu lassen.

Das gleiche gilt bezüglich dieser überwältigenden Angst, die viele davor haben, sich im Bikini oder Badeanzug zu zeigen. Wenn die Temperaturen langsam steigen und die Ferienplanung ansteht, kommen für viele die üblichen Sorgen rund um den Körper auf. Meistens ist das Problem nicht nur, dass man sich selbst nicht wohlfühlt und sich deshalb nicht gerne ansieht oder sich am Strand zeigen möchte, sondern man fürchtet zudem, wie man auf andere wirkt mit dem eigenen Körper, mit der Bikiniwahl oder der Kombination aus beidem. Mir haben schon diverse Leserinnen geschrieben, dass sie seit Jahren nicht mehr ins Freibad oder an den Strand gehen, und wenn, dann nur mit einem Rock oder kurzen Hosen. Wenn ich sie dann gefragt habe, ob sie den Grund dafür wissen, kam meistens dieselbe Antwort: „Ich schäme mich für meinen Körper und habe Angst vor den Blicken und Meinungen anderer."

Diese Gedanken, diese Gefühle und Ängste teilen viele Menschen, egal ob jung oder alt. So viele haben Angst vor den Blicken anderer. Aber bitte sag mir: Wer hat das Recht, dich für deinen Körper zu verurteilen? Wer darf über deinen Körper bestimmen? Wer definiert, was ein *Bikini-Body* ist? Wer entscheidet über deine Bikini- oder Badeanzug-Wahl? Niemand.

Bewundere nicht
andere für Dinge,
die sie tun, sondern
nimm dein Leben
selbst in die Hand!

Weder deine Familie noch deine Freunde und am allerwenigsten fremde Menschen. Dein Körper ist, egal ob nackt oder bekleidet, dein Körper und hat niemanden zu interessieren.

Ich möchte es noch einmal betonen: Bewundere nicht immer nur andere für Dinge, die sie tun, sondern nimm dein Leben selbst in die Hand und probiere Dinge aus, die du gern tun würdest, wenn du den Mut dazu hättest. Tu's einfach, ohne darüber nachzudenken, und sei stolz auf jeden Schnitt, den du in dieses feste Band der Sorgen und Ängste machst. ♥

So wirst du mutig

Überlege dir als Allererstes, was du gerne tun würdest, wenn du mehr Mut hättest. Wenn du es aufschreibst, gehen diese Wünsche nicht so schnell wieder verloren. Vielleicht bestärkt dich das Aufschreiben sogar in deinem Vorhaben!

----------------------------- ♥ -----------------------------

Vertraue dir selbst, denn egal, was kommt: Du bist gut, wie du bist.

----------------------------- ♥ -----------------------------

Wenn du Angst davor hast, dich zu blamieren, dann kann ich dich beruhigen, denn du profitierst immer davon, mutig zu sein. Schließlich hast du endlich mal etwas anders gemacht, und du hast etwas gewagt! Du warst mutig, dabei kannst du gar nicht verlieren.

----------------------------- ♥ -----------------------------

Hab dein Ziel stets vor Augen: Was möchtest du erreichen? Wann immer Angst in dir aufkommt – was absolut normal ist – dann denk an dein Ziel und das, was du erreichen möchtest. So bleibst du motiviert. Wenn du dich auf deine Angst fokussierst, kann es sein, dass sie dich blockiert und du nichts wagst.

Du musst deine eigene Willenskraft aufbauen und stärken. Du musst wissen, dass auch du einen Willen hast, den du durchsetzen kannst, auch wenn du mögliche Verluste fürchtest. Risiken muss man im Leben immer wieder eingehen, das soll dich aber nicht aufhalten.

--------------------------------- ♥ ---------------------------------

Du musst den ersten Schritt wagen und etwas tun, wofür du Mut benötigst. Wenn du es getan hast, dann analysiere deine Gefühle: Wie hast du dich gefühlt? Überwiegen die positiven Gefühle? Du wirst sehen, dass dir weitere Schritte mit der Zeit leichter fallen werden. Sprich dir einfach immer wieder neuen Mut zu. Du kannst alles schaffen, wenn du es möchtest.

--------------------------------- ♥ ---------------------------------

Blende die Meinung anderer aus. Sei unabhängig und tu das, was du – und nur du – für richtig hältst. Du lebst ja schließlich nicht für andere, sondern nur für dich, halte dir das immer vor Augen.

MEINE GESCHICHTE: JULI 2013

Ich hatte mein bisher niedrigstes Gewicht erreicht und fühlte mich, als sei ich endlich angekommen. Es war der erste Sommer, in dem ich mich wegen meiner Figur nicht schämte, an den Strand zu gehen. Ich wusste, ich würde dieses Mal nicht für meine Figur verurteilt werden, weil ich schlank und trainiert war. Also fühlte ich mich automatisch wohl. Ich ging sogar Kleidchen, Röcke, Hotpants, bauchfreie Tops und Bikinis shoppen und war unglaublich stolz und überglücklich, dass ich bei den meisten Kleidungsstücken zu einer XS oder zu Größe 34 greifen konnte. Ich konnte es wirklich kaum fassen, dass ausgerechnet ich, die sich nie wohl gefühlt hat in ihrem Körper, *endlich* die kleinsten Größen tragen konnte. Mein Kleiderschrank füllte sich nach und nach mit neuen Stücken und vor allem ganz anderen Farben. Vor meiner Gewichtsabnahme trug ich Kleidung, die möglichst keine Aufmerksamkeit erregte. Deshalb waren die meisten meiner Kleidungsstücke eher dunkel, unscheinbar und vor allem weit. Ich konnte es im Gegensatz zu heute nicht ausstehen, wenn meine Rundungen sichtbar wurden (außer mein Popo, den mochte ich). Wann immer ich ein enges Oberteil anprobierte, reichte ein Blick auf meinen Bauch, und ich legte es zurück. Niemand durfte meine Rundungen sehen. Und um keine Aufmerksamkeit darauf zu lenken, waren die meisten meiner Kleider eben dunkel.

Doch mit der Gewichtsabnahme und den schwindenden Rundungen hatte ich das erste Mal das Gefühl, andere Kleider verdient zu haben. So gönnte ich mir vieles, was ich vorher niemals angezogen hätte. Meine Freude wurde aber immer wieder von Ängsten gestört. Ich fuhr mit meiner Mama in der ersten Juli-Woche in den Urlaub. Weil ich aber zu den Menschen gehöre, die echte Gewohnheitstiere sind, war ich von der neuen Situation überfordert. Ich war totale Kontrolle gewöhnt, vor allem Kontrolle über meine Ernährung. Wir fuhren nach Südfrankreich, und ich hatte nicht mehr so viel Zeit für Sport und konnte mich auch nicht mehr so ernähren, wie ich es die drei Monate zuvor zu Hause tat. Ich wollte ja auch nicht, dass meine Mama mitbekam, dass ich ein Problem hatte. Doch meine Mama bekam das nicht erst jetzt mit, sie beobachtete das natürlich schon viel früher und sprach mich im Juli drauf an, als ich ihr verbieten wollte, Pasta zu essen. Meine Antwort: „Mama, du kannst auch abnehmen, wenn du es nur möchtest. Wir können es gemeinsam schaffen, ich weiß, wie es geht."

Ach, war ich doof. Meine Mama trägt auch heute noch Größe 42, und zwar mit einer großen Portion Selbstbewusstsein. Im Großen und Ganzen ist sie zufrieden und steht zu ihrem Körper. Damals in Südfrankreich war nicht sie das Problem, sondern natürlich ich. Ich versuchte jedoch, von meinen Ängsten abzulenken, indem ich sie dazu motivieren wollte, Gewicht zu verlieren. Das war übrigens meine Strategie mit allen, die sich Sorgen um mich machten. Ich besänftigte sie alle immer mit Aussagen wie: „Ach, ich esse doch genug. Ich esse auch Burger, Pommes und so! Ich weiß, wo meine Grenzen sind. Übrigens: Jeder kann das erreichen, was ich erreicht habe, auch du." Dabei merkte ich selbst langsam, dass ich nicht mehr lange so weitermachen konnte. Denn die ständigen Gedanken vom Zunehmen und Abnehmen raubten mir viel Energie. Ich fand aber immer Ausreden und Möglichkeiten, genauso weiterzumachen. Ich war die restlichen drei Juli-Wochen in einem französischen Sprachaufenthalt im Süden der Schweiz in einer Pension, wo ich niemanden kannte. Ich war komplett auf mich allein gestellt, das heißt, dass ich mit meinem eigenen Geld für mein Essen zuständig war, und niemand konnte mich kontrollieren. In diesen drei Wochen habe ich mich praktisch nur von Salat und Müsli ernährt, weiterhin viel Sport getrieben und meinen Wahnsinn weiter getrieben, bis ich dann im August kaum mehr Energie hatte. Dann kam der September, der Monat, der viele Veränderungen brachte.

3 DEIN WILLE ENTSCHEIDET

Du kannst hundert Bücher über Selbstliebe lesen, doch wenn der Widerstand in dir stärker ist als der Wille, endlich etwas zu verändern, dann wird dir kein Buch der Welt helfen. Denn die Basis deines Wegs zur Selbstliebe ist der Wille, an deiner Einstellung zum eigenen Körper, zum Essen und zu Schönheitsidealen zu arbeiten. Es ist möglich, doch du musst bereit dafür sein.

Deshalb möchte ich dir ein paar Fragen stellen: Stell dir den Moment vor, wenn du 70 Jahre alt bist und zurückblickst auf dein Leben. Was möchtest du über dein Leben erzählen? Was möchtest du erlebt und gefühlt haben? Worüber möchtest du mit Freude berichten können? Was hast du in deinem Leben noch so vor? Schreib es auf und denke immer wieder an deine Worte, deine Träume, deine Wünsche, deine Ziele, wenn du eine Hürde zu bewältigen hast, vor der du Angst hast und zurückschreckst. Denk an all die Dinge, die dich erwarten, wenn du imstande bist, dich und dein Leben so anzunehmen, wie es eben ist, mit all seinen Höhen und Tiefen und mit all deinen Ecken und Kanten. Du bist nämlich viel mehr als das, was andere von dir sehen. Du steckst voller Gefühle, Gedanken, Wünsche und Hoffnungen. Nimm einen Stift und schreibe auf, was dir in diesem Moment durch den Kopf geht, wenn du an die nächsten Jahre deines Lebens, an deine Zukunft denkst.

Diese Fragen habe ich mir selbst auch gestellt, und in dem Moment war ich mir sicher: Ich möchte nicht meine ganzen 20er damit verbringen, einem Schönheitsideal nachzurennen und deshalb auf so viel verzichten, was das Leben ausmacht. Und ich wollte auch nicht antworten müssen, dass ich mein Leben von anderen abhängig gemacht und immer versucht hatte, anderen zu gefallen. Als mir bewusst wurde, wie falsch ich all die Jahre gehandelt habe, immer auf der Suche nach Anerkennung und Liebe von außen, wurde mir etwas klar: Ich muss etwas än-

> Wenn du dich um dein Aussehen nicht mehr so stark sorgst, wirst du dein Leben ganz anders wahrnehmen.

dern. Ich möchte mein Leben so leben, wie es für mich passt. Schluss mit Diäten, Schluss mit exzessivem Sport, Schluss mit Make-up, wenn mir nicht nach Make-up ist. Ich habe es gewagt und den Weg der Selbstliebe eingeschlagen, obwohl ich damals noch nicht recht wusste, wie das funktioniert.

Glaub mir: Wenn man nicht mehr permanent damit beschäftigt ist, sich Sorgen zu machen darüber, was andere von einem denken oder ob man gut ankommt, nimmt man sein Leben ganz anders wahr. Während ich früher im Urlaub nur daran gedacht habe, eine gute Figur zu machen und deshalb den Bauch einzog und nicht zu viel Bein zeigte, um ja nicht negativ aufzufallen (ich mochte meine Beine nie!), erfreue ich mich heute an wunderschönen Landschaften, die ich gerne fotografiere, um sie etwas länger in Erinnerung zu behalten, oder an Gerichten, die ich in Restaurants erschmecke. Ich genieße die Zeit mit Freunden und Familie, egal ob gemütlich bei einem leckeren Essen bei jemandem zu Hause oder auf einer Feier. Nicht eingeplante Feiern waren früher immer stressig für mich, meine Psyche und meinen Körper, weil sie nicht in meine Diät-Pläne passten, vor allem italienische Feiern, bei denen es mehr als genug zu essen gab.

Wichtig ist: Wenn du spürst, dass sich deine Prioritäten wieder auf deine Hülle und dein Aussehen verlagern, dann stoppe deine Gedanken und lenke sie in eine andere Richtung, denn du möchtest doch ab jetzt das Leben erleben, oder? Das musst du dir immer wieder bewusst machen. ❤

4 ZWISCHEN HEIßHUNGER UND DIÄTEN

MIT DIESER DIÄT ERREICHST DU IN NUR DREI WOCHEN DEINEN TRAUMKÖRPER!

DAS FETT-WEG-PROGRAMM: SCHNELL UND EFFEKTIV!

SPECKBAUCH-ALARM: MIT DIESEN EINFACHEN SCHRITTEN WIRST DU DEIN FETT LOS!

ABNEHMEN, OHNE ZU HUNGERN? SO GEHT'S!

Wenn man eines über mich weiß, dann, dass ich mittlerweile absolut gegen Diäten bin. Wenn Menschen aus meiner Familie oder meinem Freundeskreis die glorreiche Idee haben, ein neues Programm auszuprobieren, wehre ich mich nicht nur selbst gegen jeden Versuch, mich zu überzeugen, sondern ich versuche auch, der betroffenen Person die Idee wieder auszureden. Leider ist das Ergebnis meiner Anti-Diät-Diskussion in der Regel nicht zufriedenstellend, weil man die meisten Menschen nicht davon abhalten kann, ihrem „Traumkörper" nachzueifern. Mir ging es ja nicht anders, als ich noch in dem Glauben lebte, mein Körper sei mein Aushängeschild. Ich hörte auch auf niemanden, der mich davon abbringen wollte, mich bis zur Erschöpfung zu perfektionieren. Nicht einmal einer Psychologin, die mich vor meiner damals bevorstehenden 500-Kalorien-„Kur" warnen wollte, schenkte ich Glauben. Sie meinte (und sie behielt letztendlich Recht), dass ich mich mit jeder Diät, jeder Kur, jedem Programm weiter von mir selbst entfernen würde.

Sie hatte Recht. Denn mit jeder neuen Diät wuchs meine Angst gegenüber bestimmten Lebensmitteln. Mit jeder Kur teilte ich Lebensmittel radikaler in „gut" und „böse" ein, bis ich irgendwann die Hälfte der Nahrungsmittel, die ich eigentlich liebte, nicht mehr aß. Wenn ich es dann doch tat, fühlte ich mich schlecht. Dieses schlechte Gewissen hatte mich immer mehr im Griff. Und so kam es, dass ich jedes Mal, wenn der Heißhunger mich heimsuchte, nicht aufhören konnte, Dinge in mich hineinzustopfen. Ich wähle mit Absicht ein so hartes Wort, weil es so war.

Kennt ihr das Gefühl, wenn euch unbändige Lust übermannt, alles zu essen, was euch in den Weg kommt? Es fing mit harmlosem Heißhunger an, doch gleich beim ersten Bissen kamen Versagensängste, weil ich dachte, dass ich all meine Bemühungen, ein paar Kilos loszuwerden, zunichte gemacht hätte. Natürlich nimmt man von einem Stück Schokolade nicht zu (und selbst wenn, wäre das ja eigentlich nicht schlimm), aber in diesem Moment fühlte es sich an, als würde sich jeder Bissen gleich auf der Hüfte bemerkbar machen. Für mich war das damals der Horror. Panik stieg in mir auf. Beim ersten Bissen setzte das schlechte Gewissen ein, und dann kam dieser eine Gedanke, wenn man etwas „Verbotenes" isst: *Ach, jetzt ist es auch schon passiert, also kann ich auch gleich richtig profitieren und alles essen, worauf ich Lust habe. Ab morgen werde ich dann wieder mehr auf die Ernährung achten. Das kriege ich schon wieder hin, irgendwie.*

Das ist der Gedanke, der sich in dir breitmacht, wenn du dem Heißhunger nicht die Stirn bieten kannst und der Körper sich alles zurückholt, was du ihm vorenthalten hast, du aber felsenfest vorhast, am nächsten Tag oder in der nächsten Woche wieder eine neue Diät zu starten. Wenn du diese Situation kennst, dann erinnere dich daran, wie du dich gefühlt hast, als du deine erste Essattacke hattest. Die meisten, mit denen ich **Du bist kein Versager!** gesprochen und denen ich geschrieben habe, fühlen sich wie Versager. Das liegt daran, dass man die Kontrolle verloren hat, an der man sich während der Diät so diszipliniert festgehalten hat. Aber du bist kein Versager, wenn du die Kontrolle verlierst. Denn Essattacken und Heißhunger sind als Reaktion auf Diäten absolut normal. Der Körper holt sich das zurück, was man ihm vorenthalten hat. Es ist ein Teufelskreis, der in immer gleichen Phasen abläuft:

Phase 1: Man verbietet sich eine Zeit lang (weil man *gesünder* leben oder eine „bessere" Figur haben möchte) bestimmte

Lebensmittel, wobei es von Person zu Person unterschiedlich ist, wie viele Lebensmittel man sich verbietet und wie lang.

Phase 2: Aus welchen Gründen auch immer (zum Beispiel Langeweile, Frust, Lust) isst man nach einer Zeitspanne des Durchhaltens etwas von diesen *verbotenen* Lebensmitteln. Es kann sein, dass man denkt, sich schon lange nichts mehr *gegönnt* zu haben, und deshalb zu den *bösen* Lebensmitteln greift. Es kann aber natürlich auch sein, dass einem gerade langweilig ist oder man gefrustet ist, und man versucht, diese Emotionen mit Essen zu kompensieren.

Phase 3: Irgendwie schmeckt es so gut, und man hat schon lange nicht mehr so gegessen, und man weiß nicht, wann man diese(s) Lebensmittel wieder essen wird, da man ja eigentlich streng auf die Ernährung achtet, also werden aus einem Bissen, zwei, dann, drei, vier ... Plötzlich hat man die ganze Packung leergegessen. Manchmal ist hier auch noch nicht Schluss und man isst weitere *böse* Lebensmittel. Man isst weit über die Lust und die Sättigung hinaus und kann sich nicht mehr bremsen.

Phase 4: Man fühlt sich nicht wohl, irgendwie mies und frustriert, wenn man sich klar darüber wird, welches Ausmaß dieses *Ich gönne mir heute etwas* angenommen hat. Gefühle des Versagens und des Kontrollverlustes treten auf, und irgendwo tief drin machen sich auch Schamgefühle bemerkbar: *Wie um Himmels Willen konnte ich das alles in so kurzer Zeit essen? Was ist passiert?*

Phase 5: Man fühlt sich schuldig, weil man so viel *Verbotenes* gegessen hat. Es könnte ja der Gesundheit schaden oder einen weiteren Schritt weg von der Traumfigur bedeuten. Da man es nicht anders gewohnt ist und um all die negativen Gefühle auszugleichen, plant und beginnt man schon die nächste Diät, die nächste Entbehrung, die dann nach einer bestimmten Zeit wieder zu Phase 1 führt.

Erinnerst du dich noch daran, wie ich gesagt habe, dass die Schritte, die du mithilfe dieses Buches machen wirst, Mut brauchen und dir vielleicht Angst machen werden? Wenn du dieses Kapitel liest, macht sich vielleicht auch Widerstand in dir breit. Denn Ziel dieses Buches ist auch, dass du mit dem Essen Frieden schließt, und zwar bedingungslos, ohne Ausnahmen.

Nie wieder Diät halten! Na, wie hört sich das an? In den allermeisten Fällen funktionieren Diäten nicht, und das belegen viele Studien. Sehr wahrscheinlich weißt du das insgeheim selbst, und doch gibst du jeder Möglichkeit, die dir verspricht, die Traumfigur zu erhalten, eine Chance. Das ist verständlich, denn die Diät- und Schönheitsindustrie sagt dir permanent, dass du nicht gut genug bist und dringend etwas an

Nie wieder Diät halten! Na, wie hört sich das an?

deinem Aussehen ändern musst. Uns allen wird versprochen, dass wir mit ihren Programmen zu unserer Traumfigur finden, wenn wir nur etwas Geld ausgeben und durchhalten. Ich habe ganz bewusst das Wort „durchhalten" gewählt, weil wir genau das müssen, wenn wir eine Diät mit all ihren Verboten machen. Ich weiß nicht, wie es dir geht, aber jedes Mal, wenn ich eine neue „Wunder-Diät" gemacht habe, musste ich die Zähne zusammenbeißen und beten, dass die Abnehmphase schnell

Dein Körper weiß, was er braucht.

vorbeigeht, damit ich mir wieder dieses und jenes erlauben darf, wenn auch natürlich nur in Maßen.

Seit ich über Themen wie Essstörungen, Schönheitsideale und Selbstliebe blogge, hatte ich Kontakt mit Mädchen und Frauen jeden Alters. Und ganz oft ist mir aufgefallen, dass Ängste den Weg zur Selbstakzeptanz blockieren. Eine Art von Angst ist besonders verbreitet, und das ist die Angst vor der Gewichtszunahme. Wenn ich mir erlaube, alles zu essen, was ich mir über die Jahre verboten habe, bedingungslos, werde ich dann nicht zwangsläufig zunehmen? Denn wenn man jahrelang kontrolliert hat, was man isst, um ja nicht zuzunehmen, dann scheint diese Hürde riesig. Wir brauchen diese Art von Kontrolle aber nicht, wenn wir lernen, auf unseren Körper zu hören. Denn dein Körper weiß, was er braucht, wenn du auf ihn hörst. Allerdings: Wenn man jahrelang permanent Diät gehalten hat, ohne auf die Bedürfnisse des Körpers zu hören, dann kann das unendlich schwierig sein.

Auch meine größte Angst war es damals, wieder zuzunehmen, denn ich hatte Angst davor, was andere dann von mir denken würden. Merkst du es? Schon wieder steckt die Gesellschaft hinter unseren Sorgen und Zweifeln! Dabei sind wir alle Teil dieser Gesellschaft und auch wir tragen unseren Teil dazu bei, dass dieses Gedankengut weitergetragen wird. Die meisten von uns fürchten eine Gewichtszunahme. Abzunehmen kommt jedoch immer gut an. Dabei vergessen viele, dass hinter einer Gewichtsabnahme so viel mehr stecken kann. Sie kann ein Zeichen einer gefährlichen Essstörung sein oder begründet sein in einer ernst-

> Der Wert einer Person hängt nicht davon ab, wie viel sie auf die Waage bringt.

haften Krankheit, der Einnahme von Medikamenten oder aber auch eine Sehnsucht nach Aufmerksamkeit und Lob ausdrücken. Das Schlimme ist, dass wir diese Gedanken fördern, indem wir Menschen Komplimente für ihre Gewichtsabnahme machen und ihnen das Gefühl geben, etwas Großartiges erreicht zu haben. Dabei gibt es im Leben so viel mehr, was man erreichen kann und was viel mehr Aufmerksamkeit und Applaus verdient hätte als abzunehmen.

Ein weiteres Problem in Bezug auf diese Komplimente ist, dass sie die Menschen beeinflussen. Ich weiß, wovon ich rede, weil es bei mir genauso war. Ich fühlte mich großartig, wenn mein Umfeld positiv auf meine Abnahme reagierte. Gerade deshalb konnte ich nicht aufhören. Denn die Komplimente taten in diesem Moment gut und pushten mein Selbstbewusstsein. Wieso sollte ich also damit aufhören? Je mehr ich bekam, desto größer wurde meine Verlangen, noch mehr abzunehmen. Ich brauchte diese Aufmerksamkeit und hatte große Angst, wieder zuzunehmen. Doch diese Angst hat keine Berechtigung, denn der Wert einer Person hängt nicht davon ab, wie viel er oder sie wiegt. Wieso nur ist diese Zahl von so großer Bedeutung? ♥

SEPTEMBER 2013

Weißt du noch, wie ich dir von meiner Versagensangst erzählt habe? Diese Versagensangst wurde von den immer wiederkehrenden Essanfällen begleitet. Über einige Wochen hinweg konnte ich meinen Heißhunger ignorieren und an Wochenenden mit den bereits erwähnten Cheat Days stillen. Doch irgendwann klappte das nicht mehr. Es passierte eines Tages zu Hause: Ich war allein und hatte gerade mein Studium begonnen. Nach nur wenigen Wochen war ich von der ganzen Arbeit, die mir bevorstand, überfordert. Ich hatte wahnsinnig viel zu tun und sehr wenig Zeit für Sport. Durch den Stress fing ich an, innerlich unruhig zu werden. Zudem war der Gedanke, nicht zunehmen zu dürfen, ständig präsent. Das alles zusammen löste unangenehme Gefühle in mir aus, die ich mit Essen zu unterdrücken versuchte. Ich fühlte mich allein und machtlos gegen die erdrückenden Gefühle. Ich spürte schon, dass irgendetwas nicht in Ordnung war, dass sich etwas anbahnte, was ich nicht stoppen konnte. Ich hatte Angst vor der Zukunft und davor, dass ich diesem Stress von Studium und Arbeit nicht gewachsen sein würde.

> Ich ging mit entschlossenem Schritt zu unserem Schrank, wo sich die Süßigkeiten, Kekse und Schokolade befanden, und griff nach der nächstbesten Schokolade.

Also ging ich mit entschlossenem Schritt zu unserem Schrank, wo sich die Süßigkeiten, Kekse und Schokolade befanden, und griff nach der nächstbesten Schokolade. Dazu muss ich kurz erwähnen, dass dieser Schrank vorher nie ein Problem war, weil sowohl meine Mama als auch ich nur sporadisch, wenn uns wirklich danach war, naschten. Dass dieser Schrank irgendwann so belastend werden würde, dass meine Mama ihn zeitweise abschließen und den Schlüssel vor mir verstecken musste, hätte ich früher nie gedacht. Ich hatte immer eine relativ gesunde Beziehung zum Essen und auch zu Süßigkeiten. Jedenfalls stand ich plötzlich vor diesem Schrank und freute mich, mal wieder ein Stück Schokolade zu essen. Der süße Geschmack ließ mich für ein paar Sekunden meine Sorgen vergessen. Ich stand da und aß zuerst nur ein Stück. Doch da ich so schnell aß, konnte ich die Schokolade gar nicht richtig wahrnehmen und genießen. Man sagt ja, man soll Schokolade auf der Zunge zergehen lassen. Da ist etwas dran. Trotzdem lief ich zu meinem Schreibtisch zurück und setzte meine Arbeit fort. Jedoch ließ dieses bedrückende Gefühl nicht nach. Es kam noch schlimmer: Das schlechte Gewissen hatte sich zusätzlich eingeschaltet, obwohl es nur ein einziges Stück Schokolade war. Ich versuchte, mich zu beruhigen, aber es klappte nicht. Denn ich spürte, dass es nicht bei einem Stück bleiben würde. Ich musste mehr von dieser Schokolade haben in der Hoffnung, dass sie die wirren Gedanken und die erdrückenden Gefühle wegzaubert. Also lief ich nochmals zum Schrank, um mir noch ein Stück zu gönnen.

Diese ganze Prozedur wiederholte sich, bis keine Schokolade mehr da war. Jedes Mal sagte ich mir, es sei das letzte Stück, und plötzlich war da kein einziges mehr. Ich bin eine Schokoladenliebhaberin, das wissen alle, die mich kennen, und trotzdem war es mir noch nie passiert, dass ich eine ganze Tafel auf einmal gegessen habe. Normalerweise höre ich nach ein bis zwei Stücken auf. Ich verstand die Welt nicht mehr. Was war gerade geschehen? Wie konnte ich so viel Schokolade in so kurzer Zeit verdrücken? Ich dachte: *Es ist Mittwoch, und normalerweise gönne ich mir Süßes erst am Wochenende. Wieso habe ich das getan? Wieso musste ich meinem Körper das antun? Wieso, wieso, wieso?*

Wenn du jetzt denkst, ich hätte nicht mehr weiter gegessen, weil ich doch bei Verstand wäre, muss ich dich enttäuschen. An diesem Tag verlor ich zum ersten Mal komplett die Kontrolle und lief noch unglaublich oft, zu oft, Richtung Schrank, um meine Gefühle zu besänftigen. Kekse, Nüsse und Riegel, ich aß eine Packung nach der anderen leer. Ich weinte, weil ich mich nicht mehr wiedererkannte. Ich weinte, weil ich mich schwach und verloren fühlte, und ich weinte, weil ich Angst hatte, durch diesen Vorfall die ganze Disziplin der letzten Monate zunichte gemacht zu haben.

Natürlich war das nicht der Fall, und ich hatte nicht innerhalb der nächsten Minuten zugenommen, auch wenn ich es mir damals einbildete. Ich ging später ständig zum Spiegel, um meinen Bauch anzuschauen, und glaubte wirklich zu sehen, dass er größer und größer wurde, was er gar nicht tat. Das wusste ich aber zu diesem Zeitpunkt noch nicht.

> Ich hatte über die letzten Wochen hinweg eine Selbstwahrnehmung entwickelt, die nicht der Realität entsprach.

Ich hatte eine Selbstwahrnehmung entwickelt, die nicht der Realität entsprach. Das einzige, was ich in diesem Moment zu wissen meinte, war, dass das ein einmaliger Vorfall bleiben musste. Man hört ja oft von Heißhungerattacken. Also setzte ich mich wieder an den Computer und versuchte, mich weiter zu konzentrieren, um diesen Essanfall so schnell wie möglich zu vergessen. Das klappte an diesem Tag auch ganz gut. Doch bereits wenige Tage später kam es zum nächsten Essanfall, der noch massiver war als der zuvor. Erneut war ich verzweifelt, und das Gefühl, eine undisziplinierte Versagerin zu sein, wurde noch größer. Ich dachte: *Wie machen es all diese wunderschönen, durchtrainierten Mädchen in den sozialen Medien, die so diszipliniert sind, und wieso schaffe ich das nicht? Was mache ich falsch? Bin ich wirklich so undiszipliniert? Sollte ich einfach komplett auf Zucker, Schokolade und Süßes verzichten, um einfach nie wieder in Versuchung zu geraten? Was kann ich nur tun, um so zu sein wie diese Mädchen? Ich möchte nicht wieder zunehmen.*

Ich fühlte mich nicht nur wie eine Versagerin, ich war auch neidisch auf alle anderen Fitness-Blogger und *Influencer*, wie man sie heute nennt. Während diese Mädchen dünner und trainierter wurden, hatte ich mit Essanfällen zu kämpfen. Anstatt mich aufs Studium zu konzentrieren, verbrachte ich so manche Nachmittage stundenlang auf dem Bett und dachte nach. Einerseits wollte ich weitermachen, nicht aufgeben und alles versuchen, um nicht weiter zuzunehmen, andererseits wusste ich, dass der Weg, den ich eingeschlagen hatte, nicht der richtige war, weil er mich absolut unglücklich machte. Aber er war der einzige, der mir Hoffnung gab, irgendwann wieder schlank zu sein. Ich plante also wieder meine Ernährung für die nächsten Wochen, um meine *Fehler* dieser Woche wieder auszubügeln. Die schon lange in meinem Kopf eingebrannten bösen Lebensmittel gehörten natürlich nicht auf den Speiseplan der nächsten Wochen, auch wenn sie trotzdem jeden Tag ihren Weg in meinen Mund fanden. Aber ich versprach mir jedes Mal, alles wieder in Ordnung zu bringen, ohne dabei zu realisieren, dass ich es so nur schlimmer machte.

5 DIE WAAGE

Schon in den allerersten Stunden deines Lebens hat dein Gewicht eine große Bedeutung. „Was? Dein Kind hat 4,5 kg gewogen? Wow, das muss aber ein großer Brocken gewesen sein!" Zugegeben, das habe ich selbst auch mal gesagt, auch wenn ich es positiv gemeint habe, und zwar als ich mitbekommen habe, wie groß und schwer mein Patenkind war, als es auf die Welt kam. Er ist tatsächlich sehr groß, und ja, er war bei Geburt schwerer als der Durchschnitt.

In welchem Alter fangen wir an, uns über die Zahl auf der Waage zu definieren?

Absolut niemand hat den Eltern empfohlen, dass das Baby abnehmen müsste. Wieso um Himmels Willen müssen wir also eine bestimmte Zahl auf die Waage bringen, um eine wertvolle Frau oder ein wertvoller Mann zu sein?

Zurück zum Baby: Es ist kerngesund auf die Welt gekommen, und auch jetzt, zwei Jahre später, ist der kleine Mensch wohlauf. Er ist nicht nur unglaublich süß (das sage ich nicht nur, weil er mein Patenkind ist), er spielt und weint, er tanzt und singt, er entdeckt und probiert Neues aus, nimmt alles auseinander und setzt es wieder zusammen. Er tut Dinge, die Kinder eben tun. Ich bin mir sicher: Es ist ihm absolut egal, wie schwer er ist. Wenn er sich bewegt, dann weil er es in diesem Moment möchte oder die Situation es verlangt. Wenn er aufhört zu essen, dann weil er satt ist, und nicht, weil er fürchtet, zuzunehmen und dann kein attraktiver Mensch mehr zu sein. Niemanden kümmert es, wie schwer er ist, weil er gesund und munter ist.

Auch später, im Erwachsenenleben, reden die Mamas und ihre Kinder gern darüber, wie schwer die Kinder bei der Geburt gewesen sind, als sei es ein Wettbewerb. Schon da hört man ein *Ahhh* oder ein *Oooohh,* wenn Gewicht und Größe bei der Geburt außerhalb der „Norm" zu sein scheinen. Das Gewicht, das du in den ersten Stunden deines Lebens hast, wird mit dem Gewicht anderer Kinder verglichen. Kein Wunder, dass das Gewicht eine wichtige Zahl ist, wenn ihm von Geburt an schon so eine Bedeutung zukommt. Die darf es später im Leben aber nicht mehr haben!

Uns wird oft suggeriert, dass das Gewicht nicht nur darüber entscheidet, wie attraktiv oder hübsch man ist, sondern auch, wie gesund. Dabei kommt Gesundheit in verschieden Formen, Größen und Zahlen daher. Es gibt Menschen, die wiegen mehr, als die imaginäre Norm erlaubt, und trotzdem sind sie gesund. Ich sage bewusst imaginär, denn bis heute

> Bis heute ist nicht wissenschaftlich erwiesen, dass ein Mensch ein bestimmtes Gewicht haben muss, um gesund zu sein.

gibt es keinen Beweis dafür, dass ein Mensch ein bestimmtes Gewicht haben muss, um gesund zu sein.

Bewegung und eine ausgewogene Ernährung sind wichtig, um gesund zu bleiben. Aber es ist auch wichtig, nicht zu rauchen, Stress zu vermeiden, möglichst keinen Alkohol zu trinken und mit einer positiven Einstellung durch das Leben zu gehen. Wenn die Psyche anfängt zu leiden, weil man sich wegen dieser einen Zahl auf der Waage unter Druck setzen lässt, übertrieben viel Sport treibt und dem Körper Lebensmittel verbietet, dann ist das alles andere als gesund.

Gesund ist, was dir gut tut. Das hat aber definitiv nichts mit der Zahl auf der Waage zu tun, falls das deine Ausrede dafür sein sollte, wieso du regelmäßig auf die Waage steigst. Meine Ausrede war es jedenfalls, nur um den Menschen nicht sagen zu müssen, dass ich insgeheim doch einfach nur dünn sein wollte und auf eine bestimmte Zahl hinarbeitete. Ich habe zwei Stunden Sport am Tag getrieben, um fit zu bleiben. Dass ich mir über Monate hinweg angewöhnte, immer weniger zu

Dein Leben findet hier und jetzt statt.

essen und mir immer mehr Lebensmittel verbat, tat ich natürlich ebenfalls im Namen der Gesundheit. Was für ein Unsinn! Ich habe nicht nur die angelogen, die mich warnen wollten, sondern auch mich selbst. Im Gegenteil: Was ich tat, war total ungesund, sowohl für meinen Körper als auch für meine Seele. Ich dachte, wenn ich diese eine Zahl erreiche, bin ich endlich jemand. Ich hegte die Hoffnung, dass ich dann endlich stolz auf mich sein könnte. Denn erst wenn ich dieses eine Ziel erreicht hätte, würde ich glücklich sein. Die Sache ist aber die: Dein

Leben fängt nicht erst an, wenn du ein bestimmtes Gewicht erreicht hast oder deinen Körperfettanteil auf einen bestimmten Wert reduziert hast. Dein Leben findet hier und jetzt statt. Du darfst dich nicht über die Zahl auf der Waage definieren. Ich wünsche mir für jede Frau und jeden Mann, dass sie es schaffen, die Waage zu ignorieren und zu entsorgen. Oder kennst du einen plausiblen Grund, wieso du eine Waage zu Hause haben solltest? Außer in der Küche wirst du in keinem Bereich deines Lebens eine benötigen. Wie oft habe ich gehört, dass es für jede Größe ein bestimmtes Idealgewicht gibt ... Aber woher soll die Waage wissen, was für Proportionen ich habe und wie mein Körper funktioniert?

Nehmen wir an, mein Idealgewicht wäre 70 Kilogramm. Ich habe mich seit Jahren nicht mehr gewogen, deshalb ist das eine fiktive Zahl. 70 Kilogramm wiegt aber auch meine Freundin, die größer und schlanker ist als ich, und ebenso ganz viele andere Menschen auf dieser Welt, die alle anders aussehen. 70 Kilogramm können so verschieden aussehen, weil wir einfach unterschiedlich gebaut sind. Was ist also ein Idealgewicht? Wer definiert das? Der BMI vielleicht?

Genauso unnötig wie die Zahl auf der Waage finde ich den BMI, den Body Mass Index. Die Berechnung und das Resultat sind viel zu starr und ziehen den individuellen Menschen nicht in Betracht. Ich habe Freunde, die ziemlich muskulös sind und den BMI-Berechnungen zufolge als übergewichtig gelten würden. Demnach müssten diese Personen also abnehmen. Ihr vermeintlich hohes Gewicht ist aber größtenteils Muskeln zu verdanken. Und viele Muskeln zu haben ist nun nicht unbedingt ungesund. Es gibt auch Menschen, die von Natur aus schlank sind, sich gesund und ausgewogen ernähren, selten Sport treiben und laut BMI trotzdem als untergewichtig gelten. Nicht zu vergessen die Personen, die von Natur aus mehr auf den Hüften haben, sich aber gesund ernähren und auch Sport treiben, dabei ausgezeichnete Blutwerte haben und laut BMI trotzdem als übergewichtig und ungesund eingestuft werden. Mein BMI wäre wohl auch an der Grenze zum Übergewicht, und trotzdem bin ich gesund.

Ich weiß nicht, wieso wir uns so sehr von Zahlen irritieren und beeinflussen lassen. Weder der BMI-Wert noch die Zahl auf der Waage oder die Kleidergröße sagen etwas über die Gesundheit einer Person aus. Und genauso wenig wie die Gesundheit hängt auch der Wert einer Person nicht von einer Zahl ab. Streich das aus deinem Kopf, falls du es noch nicht getan hast. Auch ich habe zugenommen und hatte wahnsinnige Schwierigkeiten damit. Ich wollte unbedingt mein Gewicht halten und habe alles dafür getan. Aber ich musste einsehen, dass all diese Maßnahmen einfach ungesund waren, sowohl für meinen Körper als auch für meine Seele. Wenn eine Gewichtszunahme das ist, was dich sowohl körperlich als auch psychisch gesund werden lässt, dann lass es zu. Dein Gewicht pendelt sich von ganz allein dort ein, wo es dir am besten geht. Du solltest dich nicht mehr darum sorgen, wie diese eine Zahl aussieht, solange du gesund und glücklich bist. Egal, wie diese Zahl aussieht: Du bist wertvoll und gut genug. Und wenn dei-

> Wenn eine Gewichtszunahme das ist, was dich gesund werden lässt, dann lass es zu.

ne Freundinnen vor dir über ihr Gewicht reden, dann denk an den Selbstliebe-Rebell, der dir für diese kurze Zeit die Ohren zuhält. Vielleicht magst du ihnen dann sogar sagen, dass sie viel mehr als diese Zahl sind, von der sie ihren Wert abhängig machen möchten?

Das habe ich auch meinen Schülerinnen und Schülern gesagt, als wir in der ersten Klasse über Zahlen sprachen. Im Schulbuch waren viele Bilder von Zahlen aus unserer Umwelt abgebildet: Die Uhr, das Mobiltelefon, ein Kalender, Schuhe (wegen der Schuhgröße) und viele mehr. Natürlich war da auch eine Waage abgebildet. Ich wäre nicht ich, wenn ich die Gelegenheit nicht genutzt hätte. Weil ich weiß, dass bereits Kinder mit Schönheitsidealen konfrontiert werden,

> Sagt uns die Waage, wie intelligent wir sind? Wie lustig und wertvoll?

habe ich auch bei der Waage gefragt, was diese Zahl bedeutet, aber noch die folgenden Fragen hinzugefügt: Sagt sie etwas darüber aus, wie intelligent man ist? Sagt dieses Ding aus, wie toll oder lustig man ist? Die Antwort kam von allen gleichzeitig und ganz laut: *Neeeeeeeeeeein!* Na also!

Falls du jetzt noch immer nach Gründen suchst, warum gerade du unbedingt abnehmen solltest und vielleicht sogar meinst, sie zu finden, dann hoffe ich, dass der nächste Text dich endgültig davon überzeugt, dass du das nicht nötig hast.

... ABER ERST MUSS ICH EIN PAAR KILO ABNEHMEN!

„Bevor ich heirate, muss ich dringend ein paar Kilos loswerden.", oder „Erst wenn ich fünf Kilos abgenommen habe, kann ich dieses Kleid am Abiball tragen.", oder „Nur noch ein paar Kilos, dann kann ich mich endlich annehmen.", oder der Klassiker: „Vielleicht finde ich meine große Liebe, wenn ich endlich schlank bin."

Ich könnte ewig so weitermachen, denn ich kenne viele Frauen, die immer wieder einen Grund finden, warum ihr Leben erst beginnt, wenn sie ein paar Pfunde losgeworden sind, als wäre Abnehmen dieser eine Schritt, der für ein glückliches Leben notwendig ist. Auch dass man die große Liebe findet, wenn man schlank ist, ist die Hoffnung vieler.

Überall sagt man uns, dass sich das Leben radikal ändert, wenn wir endlich unsere Traumfigur haben, als dürften wir erst dann so richtig glücklich sein. Das Abnehmen spielt eine große Rolle im Leben vieler, und das ist absolut unberechtigt.

Dein Leben beginnt nicht erst, wenn deine Waage weniger anzeigt. Dein Gewicht macht dich nicht aus. Das ist nur eine Zahl. Dein Leben ist vielmehr das, was du daraus machst. Wenn du denkst, dass es erst beginnt, wenn du weniger wiegst, dann musst du etwas ändern, und das ist bestimmt nicht die Zahl auf der Waage. Jedes Mal, wenn mich ein Typ in meiner Jugend fallen ließ, dachte ich, es hätte mit meinem Aussehen, vor allem mit meiner Figur zu tun. Ich fand mein

> **Dein Leben beginnt nicht erst, wenn deine Waage eine bestimmte Zahl anzeigt.**

SO SAGST DU DER WAAGE DEN KAMPF AN

Falls du keine Waage besitzt, dann kauf dir keine! Du brauchst sie nicht. Falls du aber eine zu Hause hast, dann such dir in deiner Wohnung oder in deinem Haus ein verstecktes Fleckchen. Such dir einen Ort, wo du kaum hingehst oder hinsiehst, oder verbanne sie in den Keller. Irgendwann wirst du sie getreu dem Motto „Aus dem Auge, aus dem Sinn" ignorieren können.

Versuche, dich jedes Mal, wenn du merkst, dass du draufsteigen möchtest, an meine Worte zu erinnern. Denk an die tollen Dinge, die du an dir magst und die du am Anfang dieses Buches aufgeschrieben hast. Das sind Eigenschaften, die bleiben, egal, welches Gewicht dir angezeigt wird. Du definierst dich nämlich wirklich nicht über diese Zahl.

Mach dich nicht fertig, wenn du nicht widerstehen konntest und trotzdem mal draufgestiegen bist. Auch nicht, wenn es öfter passiert. Manche können sich schnell von der Waage verabschieden, andere brauchen mehr Zeit. Es spielt keine Rolle, solange du es versuchst. Immer und immer wieder.

Es gibt kein magisches Rezept, wie du die Waage ignorieren lernst. Ich habe schon gesehen, wie eine junge Frau auf Instagram mit einem Hammer auf ihre Waage eingeschlagen hat. Vielleicht ist das die optimale Lösung … Das einzige, was zählt, ist wie immer der Wille. Willst du endlich unabhängig von dieser Zahl sein? Dann beweise es dir selbst. Viel Erfolg!

Gesicht immer hübsch, und tatsächlich sagte ich mir manchmal selbst, um mich zu trösten: „Na ja, wenigstens hast du ein hübsches Gesicht.", als hätte ich Glück gehabt, weil ich meine Figur mit meinem Gesicht kompensieren kann.

Ich erinnere mich an einen Vorfall, als ich etwa zwölf Jahre alt war: Ich lag gut eine Woche mit Grippe im Bett, und mir war zum ersten Mal in meinem Leben überhaupt nicht nach essen, weshalb ich in dieser Woche relativ wenig aß. Das war für mich wirklich untypisch. Natürlich machte sich diese Auszeit vom Essen bemerkbar, und das erste Mal in meinem Leben hatte ich das Gefühl, ein bisschen abgenommen zu haben. Ich weiß noch haargenau, wie sich das anfühlte, nämlich richtig gut. Ich fühlte mich großartig, wie eine Gewinnerin, die etwas erreicht hat.

Wenn ich heute darüber nachdenke, finde ich das traurig, weil es auf so vielen Ebenen falsch ist. Solche Geschichten gibt es viele, und es ist kein Geheimnis, dass bereits Kinder denken, abnehmen zu müssen, und so zu Opfern unserer oberflächlichen Gesellschaft werden. Mir wurde damals bewusst, was ich tun müsste, um so auszusehen wie nach dieser Woche. Ich habe immer gern gegessen, egal wie es mir ging. Nun jedoch wusste ich, wie man abnimmt, und zwar dadurch, nicht zu essen.

Für dich und alle, die dieses Buch lesen, mag das nichts Neues sein. Heute ist für uns sonnenklar, dass man durch Hungern abnimmt. Jedoch nicht für ein zwölfjähriges Mädchen, das das Schönheitsideal bereits verinnerlicht hatte, aber von Diäten noch nichts wusste. Zumindest bis zu diesem Zeitpunkt nicht. Das änderte sich schlagartig, als ich nach dieser Woche in den Spiegel sah.

Doch ich sah nicht lange so aus, da ich wieder regelmäßig aß und mein Leben seinen normalen Lauf nahm. Trotzdem nistete sich diese kleine, aber für mich damals wichtige Information in meinem Kopf ein. Ich fühlte mich so gut, und ich dachte, dass das die Jungs bemerken und ich nun besser ankommen würde. So ein Unsinn! Du musst für keinen Jungen, für keinen Mann, für gar keinen Menschen auf der Welt abnehmen, damit er sich für dich entscheidet. Wenn dich jemand nicht so annimmt, wie du bist, ist das sein Problem, nicht deines. Du bist nämlich dieselbe Person, egal, ob du nun zehn Kilo mehr wiegst oder weniger. Wer das nicht zu schätzen weiß, hat Pech gehabt.

> Wenn du dich mit deinem Gewicht und dir selbst wohlfühlst, strahlst du das auch aus.

Und noch etwas für alle Frauen, die denken, sie müssten erst abnehmen, bevor sie heiraten dürfen: Natürlich ist die Hochzeit für die meisten Menschen einer der wichtigsten Tage im Leben. Es muss alles perfekt (was auch immer „perfekt" für dich bedeuten mag) sein, von der Sitzordnung über die Tischdekoration bis hin zum Brautpaar selbst. Ich war als Teil einer großen italienischen Familie schon auf sehr vielen Hochzeiten. Mein Freund hat auch eine sehr große Familie, noch größer als meine, und auch da habe ich schon einige Hochzeiten miterlebt. Wenn ich so darüber nachdenke, hat von allen Bräuten, mit denen ich mich vor der Hochzeit ausgetauscht habe, nur eine einzige behauptet (und ihr habe ich es tatsächlich abgekauft, weil sie wirklich auf Schönheitsideale pfeift), sie bleibe, wie sie ist, auch wenn sie etwas mehr auf den Hüften hat. Ich fand das so stark: Endlich jemand, der sich konsequent nicht um seine Figur sorgt. Und sie hat gestrahlt, genauso wie die anderen Bräute, die ich bisher gesehen habe, und wunderschön ausgesehen, einfach weil sie glücklich und zufrieden war. Das Gewicht spielt keine Rolle, wenn ein Mensch sich wohlfühlt. Man strahlt die innere Zufriedenheit einfach aus, und diese Braut war das beste Beispiel dafür. Ich kann es aber allen anderen nicht verübeln, die trotzdem denken, sie müssten an diesem Tag so schlank wie möglich sein. Denn das Bild der schlanken, perfekt geschminkten und frisierten, glücklichen Braut haben die meisten von uns verinnerlicht. Außerdem kommen Bräute, die nicht dünn sind, in den Medien kaum vor. Es gibt tatsächlich sogar einige Filme, die uns zeigen, wie Frauen für ihre Hochzeit abnehmen. Als dürfte man als dicke Frau nicht heiraten.

Wenn wir schon beim Thema Fernsehen sind: Erst vor Kurzem habe ich die Werbung eines sehr bekannten Abnehm-Shakes gesehen, den ich natürlich auch schon zu mir genommen habe. (Es gibt fast nichts, was ich früher nicht ausprobierte.) Zuerst macht der Mann der Frau einen Heiratsantrag, dann bekommt man noch kurz einen Einblick in die Hochzeitsvorbereitungen, und dann endet der Werbespot mit einem schlanken Brautpaar vor dem Altar, das schließlich glücklich Hand in Hand am Strand entlangläuft. Der Werbeslogan? „Für alle die, die dieses Jahr noch etwas Großes vorhaben." Uns ist es vielleicht nicht bewusst, doch wir werden wirklich ständig mit solchen kleinen, fiesen, aber wirkungsvollen Nachrichten bombardiert. Es ist deshalb kein Wunder, wenn jeder das Gefühl hat, man müsse für diesen einen großen Tag schlank sein. Da-

bei frage ich mich: Was ist
besser: Ein Brautpaar, das
mit mehr Speck auf den
Hüften glücklich vor dem

Liebe hat nichts mit dem Gewicht zu tun.

Altar steht, oder ein Paar, dessen Liebe niemals halten wird, weil einer von beiden nicht für immer schlank bleiben wird?

Liebe hat nichts mit dem Gewicht und der Figur zu tun. Wenn Braut oder Bräutigam das Gegenteil behaupten, würde ich dir sagen: Heirate diese Person bloß nicht! Ich würde mein Leben nicht mit jemandem verbringen wollen, der mich nur heiratet, weil ich schlank bin. Liebe ist Liebe. Natürlich nehmen auch viele wegen des Stresses bei den Hochzeitsvorbereitungen ab, ohne dass sie es geplant haben. Aber es ist schon beeindruckend, wie viele fest davon überzeugt sind, dass sie nur heiraten dürfen und nur dann eine schöne Braut oder ein schöner Bräutigam sind, wenn sie schlank vor dem Altar stehen. Falls hinter dieser Furcht die Angst davor steckt, dass Hochzeitsgäste tuscheln könnten, dann kann ich aus Erfahrung sagen: Die meisten, zumindest die meisten Italiener, machen das ohnehin, sie bewerten und kritisieren eine Hochzeit und alles, was dazugehört, so oder so, inklusive Brautpaar und deren Aussehen. Deshalb bin ich der Meinung, dass man

Die Zahl auf der Waage ist keine Maßeinheit für Glück oder Zufriedenheit.

die Leute einfach reden lassen soll. Sie tun es sowieso, aber dich hat es nicht zu kümmern, egal ob es um die Hochzeit geht oder etwas anderes. Menschen werden andere Menschen immer beurteilen und kritisieren anstatt sie einfach leben zu lassen. Und ich befürchte, das wird niemals anders sein, auch wenn ich eigentlich Optimistin bin.

Deshalb ist es umso wichtiger, dass man nicht hinhört. Denk immer daran: Dein Körper – dein Leben. Ich weiß, dass es beispielsweise schwieriger ist, ein Hochzeitskleid zu finden, wenn man Übergröße trägt, denn die Auswahl ist wie immer umfangreicher, wenn man etwas zwischen 34 und 42 trägt. Aber es gibt immer eine Möglichkeit, immer einen anderen Weg. Deshalb ist auch das kein Grund, sich unter Druck zu setzen, den Lebensstil komplett umzukrempeln und sich verbiegen zu lassen. Wenn du mehr auf den Hüften hast und du einfach so gemacht bist, dann bleib so. Denk daran, dein Leben beginnt nicht erst dann, wenn du abgenommen hast. Du lebst hier und jetzt, mach also das Beste daraus. Die Zahl auf der Waage darf nicht deine Maßeinheit für Glück oder Zufriedenheit sein.

ABER WAS IST MIT MEINER GESUNDHEIT?

Wie wichtig ist dir deine Gesundheit? Was bedeutet sie für dich?

Wenn du dich mal entschieden hast, Frieden mit dem Essen zu schließen und dir auch eine mögliche Gewichtszunahme nicht mehr viel ausmacht (oder sagen wir: dass sie dir vielleicht anfangs doch noch etwas ausmacht, aber du es immer mehr annimmst), dann könnte dir eine Frage immer noch im Weg stehen: Was ist mit meiner Gesundheit? Viele, inklusive der Morena von früher, die selbst mal vor diesem Punkt stand, fürchten eine kürzere Lebensspanne, wenn sie sich alles erlauben oder besser gesagt: sich tatsächlich nichts mehr verbieten oder eine Weile nicht zum Sport zwingen. Man liest und hört ja auch überall, was gesund sein soll und was nicht und wie wichtig Gesundheit wäre. Deshalb fühlt man sich manchmal fast dazu gezwungen, gesund zu leben. Nur was und welches Maß ist richtig?

Es gibt wirklich kein genaues Rezept für die *optimale* Gesundheit, das man jedem in die Hand drücken kann. Wäre ja schön, wenn es so einfach wäre. Außerdem, und dessen sind sich viele nicht bewusst, besteht die Gesundheit nicht nur aus den Blutzucker- und Blutfettwerten, dem Gewicht und was es sonst noch so gibt. Gesundheit ist viel mehr als nur die körperliche Gesundheit. Denn die psychische ist mindestens genauso wichtig. Aber wie will man die erhalten, wenn man sich selbst permanent sagt, man sei nicht gut genug? Wenn man dermaßen unzufrieden mit sich und dem eigenen Leben ist, und das über längere Zeit, dann setzt das der Gesundheit zu, auch wenn wir uns dessen nicht bewusst sind.

Wir kehren die psychische Gesundheit und vieles, was mit ihr zu tun hat, oftmals einfach unter den Teppich, als wäre sie etwas, wofür man sich schämen müsste. Als dürfte man nicht darüber sprechen. Ich habe aus Scham auch sehr lange gebraucht, um offen über meine Essstörung reden zu können, und ich weiß von vielen, dass sie ihre Essstörung sogar viele Jahre lang verschweigen, weil sie sich entweder schämen oder die Meinungen anderer fürchten. Viele meiner Leser haben sich, bevor sie mit ihren Problemen zu mir kamen, noch nie zuvor jemand anderem geöffnet, meistens weil es ihnen peinlich ist, *Schwäche* zu zeigen.

Dabei ist es erstens keine Schwäche, wenn man zugibt, ein Problem zu haben (ich finde es sogar echt stark!). Und zweitens ist es nichts, wofür man sich schämen muss, denn die psychische Gesundheit gehört zu einem Menschen. Es ist absolut normal, dass auch sie manchmal leidet. Nur weil die meisten nicht darüber reden, heißt das nicht, dass jeder psychisch kerngesund ist. Die psychische Gesundheit verdient viel mehr Aufmerksamkeit. Würden mehr Menschen darüber reden – egal wie viel Mut es braucht – dann würden die Hürden für alle irgendwann niedriger werden. Die Gesellschaft, die Medien und alle, die dir etwas verkaufen möchten und Werbung dafür machen, tun so, als wäre ihnen deine Gesundheit wichtig, und deshalb müsstest du deinen Körper verändern. Dabei behaupte ich: Wenn ihnen deine Gesundheit wirklich am Herzen läge, würden sie diese Produkte gar nicht verkaufen und dementsprechend keine Werbung dafür machen. Denn sie tragen eine Mitschuld daran, dass wir um jeden Preis abnehmen wollen und wir wir fürchten, zu dick zu sein, weil sie uns das Gefühl geben, dass das etwas ganz Schlimmes ist.

Denn stell dir vor, wir wären allesamt glücklich, zufrieden und selbstbewusst. Stell dir vor, niemand würde mehr Diät-Programme kaufen, sich nicht mehr operieren lassen, keine Diät-Tees und keine Diät-Pillen mehr konsumieren. Die Schönheitsindustrie würde finanziell heftig darunter leiden. Wenn du im Teleshopping, in einem „Frauenmagazin" oder auch in

> **Ich finde es wahnsinnig stark, wenn man zugibt, ein Problem zu haben.**

den sozialen Medien hörst und siehst, wie du deine Traumfigur in kürzester Zeit und total einfach bekommen kannst, dann denk daran: Hier kümmert sich niemand wirklich um deine Gesundheit.

Es gibt nichts Gesünderes als im Reinen mit sich selbst zu sein. Wenn du mit dir im Einklang bist und Freude am Leben hast, dann handelst du auch gesund. Du gibst deinem Körper gerne die Ernährung und die Bewegung, die er braucht, um gesund zu sein. Du setzt dich nicht mehr unter Druck, verbietest dir nichts mehr, und auf keinen Fall hungerst du. Deine Priorität liegt auf etwas anderem als deinem Aussehen. Du weißt, dass du gut bist, wie du bist, und kümmerst dich lieber um andere Dinge in deinem Leben.

Du brauchst, um gesund zu sein, weder Kalorien zu zählen noch täglich auf der Waage zu stehen noch viel Geld auszugeben. Du brauchst neben ein bisschen Bewegung eine ausgewogene Ernährung mit vielen frischen Lebensmitteln, aber auch mit allem, worauf du Lust hast. Lebensmittel oder Speisen, die oftmals als ungesund oder gar Sünde (im Sinne von „heute Abend wird gesündigt, denn ich esse dies und das") betitelt werden, sind ausdrücklich erlaubt! Das musst du dir ganz dick hinter die Ohren schreiben.

Wie so oft im Leben kommt es auf das Maß an. Es ist wohl jedem klar, dass es nicht gesund ist, sich jeden Tag von Pizza, Burger und Schokolade zu ernähren. Doch nichts spricht dagegen, diese Lebensmittel so oft in die eigene Ernährung einzubauen, wie du eben Lust drauf hast. Balance ist das Wichtigste, und ich bin die letzte, die dir sagt, wie du zu essen hast. Ich kann dir nur sagen, wie ich es mache.

Ich nenne es Intuitiv Essen, das heißt, ich höre buchstäblich auf mein Bauchgefühl: Wenn mir nach Pizza ist, dann zögere ich nicht mehr, eine Pizza zu essen, obwohl ich am selben Tag schon so einiges gegessen habe, auch dann nicht, wenn es bedeutet, dass ich abends Kohlenhydrate esse, oder wenn ich merke, dass ich in letzter Zeit zugenommen habe. Denn ich weiß heute, was ich tun muss oder eben nicht tun sollte, um im Frieden mit Körper und Seele zu bleiben. Mehr zum Intuitiven Essen erfährst du auch in Kapitel 6.

Übrigens bedeutet Intuitiv Essen nicht, dass man sich jeden Tag Fast Food „gönnt". Auch nach gut zwei Jahren, in denen ich mir nichts verboten habe, ernähre ich mich immer noch sehr ausgewogen. Ich esse aber seit gut drei Jahren fast jeden Tag ein bisschen Schokolade, weil Schokolade immer mein schwacher Punkt gewesen ist. Denn bei jeder Essattacke wollte ich nur Schokolade haben und alles, was Schokolade enthielt. Schokolade wurde zu einem Lebensmittel,

das mir Angst einjagte. Nicht wegen der Kalorien, sondern weil ich Angst hatte, dass ich nach einem Bissen nicht mehr aufhören kann zu essen. Wie ich es von den Essattacken bereits gewohnt war.

Intuitiv Essen ist das, was mich gerettet hat und wodurch die Essattacken nach und nach weniger geworden sind. Es hat aber mindestens genauso viele Monate gebraucht, aus dieser

Falle wieder rauszukommen, wie es dauerte, hineinzugeraten. Es ist ein langer Weg, der manchmal nicht einfach ist. Obwohl ich mich dazu entschieden hatte, mit dem Essen und mir selbst, aber auch dem Sport Frieden zu schließen, hielten diese Essattacken noch lange an. Denn der Mensch ist nun mal ein Gewohnheitstier, und um eine Gewohnheit abzulegen, braucht es nicht nur den Willen zur Veränderung, sondern auch Geduld. 💗

6
TSCHÜSS DIÄTEN!

Hast du dir auch schon Lebensmittel verboten? Hast du Angst, bestimmte Lebensmittel zu essen?

Ich habe wirklich viele Diäten ausprobiert, möchte aber keine beim Namen nennen, weil ich nicht möchte, dass du auf die Idee kommst, diese Diät zu googeln. Denn das, was alle Diäten und alle Programme gemeinsam haben, ist, dass sie sich echt verlockend anhören und es einem nicht leicht machen, ihnen zu widerstehen. Das muss man ihnen lassen.

Wir leben in einer Gesellschaft, in der man sich schon fast gezwungen fühlt, Diät zu halten, weil scheinbar jeder eine macht. Als wäre es irgendwie cool, Diät zu halten. Du könntest die bekanntesten Diäten aufzählen, ich würde bei den meisten sagen können: kenne ich. Ich habe alles Mögliche ausprobiert, um abzunehmen. Das Fiese ist jedoch, dass man sich immer selbst die Schuld gibt, wenn eine Diät nicht funktioniert hat. Man denkt, man sei einfach zu faul oder nicht diszipliniert genug, wenn man es nicht schafft, diese Ernährungsweise beizubehalten, und dann wieder zunimmt. Dabei funktionieren die allermeisten Diäten nicht. Deshalb möchte ich, dass du Frieden schließt mit dem Essen. Denn Essen ist überlebenswichtig und zum Genießen da. Aber dafür musst du deine Diät-Mentalität ein für alle Mal ablegen. Du kommst nicht drum herum. Wenn du nicht mehr permanent Krieg gegen das Essen führst, fällt es dir auch leichter, Frieden mit dem Körper zu schließen. Bist du bereit dazu? Egal wie sehr dir dieser Schritt in diesem Moment Angst einjagt oder diese innere Stimme, die dich jahrelang begleitet hat, dir nun wieder zuflüstern möchte: *Du darfst das nicht essen. Du möchtest doch schlank sein!*, sei mutig! Du wirst lernen, diese Stimme zu ignorieren.

INTUITIV ESSEN

Frieden mit dem Essen schließen und intuitiv Essen hört sich toll an, oder? Wieder zu lernen, auf seine eigenen Bedürfnisse zu hören, ist etwas sehr Individuelles, das sehr viel Zeit, Mut und Geduld braucht. Ich kann dir von meinen Erfahrungen und meinem Weg berichten und dir die für mich wichtigsten Punkte mit auf den Weg geben. Aber ich kann den Weg nicht für dich zurücklegen. Du musst es wollen. Du musst kämpfen und geduldig sein. Vielleicht wirst du wieder und wieder hinfallen, einen Schritt vor und zwei zurückgehen, denn Diät-Fallen lauern überall. Auch wenn der Weg steinig ist und du das Gefühl hast, das Ziel niemals zu erreichen: Gib nicht auf und vertraue dir selbst!

DU BIST IMMER NOCH IN DER DIÄT-MENTALITÄT GEFANGEN, WENN...

... du Kalorien zählst (egal ob pingelig genau oder nur geschätzt), um so die Kontrolle oder den Überblick über das Gegessene zu haben und um ja nicht zuzunehmen.

Beispiel: *Ich darf maximal 1200 Kalorien zu mir nehmen.*

---------------------------------- ----------------------------------

... du darauf achtest, wie viele Kohlenhydrate du über den Tag verteilt, aber besonders auch abends isst. Viele neigen dazu, am Abend sehr wenig zu essen und dann insbesondere bei den Kohlenhydraten zu sparen.

Beispiel: *Kohlenhydrate am Abend? Nach 18.00 Uhr lieber nicht, sonst könnte ich zunehmen.*

---------------------------------- ----------------------------------

... du denkst, du müsstest dir das Essen verdienen, und du deshalb Essen und Nicht-Essen mit Bewegung verbindest. Je mehr du dich bewegt hast, desto eher gönnst du dir „böse" Lebensmittel und umgekehrt. Wenn du keinen Sport gemacht hast und dir etwas gönnst, hast du ein schlechtes Gewissen.

1. Beispiel: *Heute war ich beim Sport und habe richtig geschwitzt. Ich habe bestimmt viele Kalorien verbrannt, deshalb darf ich mir heute Abend ruhig einen Burger gönnen.*

2. Beispiel: *Ich habe mich diese Woche sehr wenig bewegt, ich sollte besser auf meine Ernährung achten.*

… du deine Hungergefühle hin und wieder ignorierst und anstatt zu essen folgende Dinge tust:

Kaugummi kauen, ein bis mehrere Gläser Wasser trinken, Kaffee trinken, Zähne putzen, dich mit Arbeit, Sport oder etwas anderem vom Essen ablenken

---------------------------------- ♥ ----------------------------------

… du dir nur zu ganz bestimmten Zeiten erlaubst zu essen, egal ob du dann Hunger hast oder nicht. Es gibt Theorien, die meinen, dass man bestimmte Abstände zwischen den Mahlzeiten einhalten muss, um abzunehmen.

1. Beispiel: Wieso habe ich denn schon Hunger? Ich darf doch erst wieder um 12.00 Uhr essen, Zwischenmahlzeiten sind schlecht für meine Fettverbrennung.

2. Beispiel: Nach 18.00 Uhr wird nichts mehr gegessen.

---------------------------------- ♥ ----------------------------------

… du sichergehen möchtest, dass du dich nur von „guten" Lebensmitteln ernährst und du das alles unter dem Deckmantel der Gesundheit machst, aber irgendwo in dir doch der Wunsch besteht, schlank zu werden oder schlank zu bleiben.

Beispiel: Ich esse dies und jenes nicht mehr, weil ich merke, dass es meinem Körper „besser geht" ohne diese Lebensmittel, obwohl sie mir schmecken würden.

Du darfst nicht verzweifeln oder aufgeben. „Nie wieder eine Diät!" ist unser Motto, um mit dem Essen Frieden zu schließen, erinnere dich immer wieder daran. Mutig solltest du deshalb sein, weil du deine Angst vor bestimmten Lebensmitteln angehen musst: Du wirst sie nach und nach wieder in deine Ernährung integrieren. Ich weiß, wie es ist, wenn man bereit ist, diese Ängste zu überwinden, aber das Gefühl hat, es nicht schaffen zu können. Es ist möglich.

Intuitiv Essen ist kein neues Programm mit wieder neuen Regeln, Verboten und Geboten. Intuitiv Essen ist etwas Natürliches, etwas, was funktionieren kann, wenn du es richtig erlernst. Eigentlich sind wir alle intuitive Esser, wenn wir es im Laufe des Erwachsenwerdens nicht verlernt hätten. Ich weiß nicht, wie es bei dir war, aber bevor ich mich selbst in Diäten verlor, aß ich als Kind so, wie es mein Körper verlangte. Ich versuchte nicht, mit Wasser oder ein, zwei Kaugummis meine Hungergefühle zu unterdrücken.

Dein Körper braucht Energie.

Ich ging niemals hungrig ins Bett, denn ich konnte gar nicht einschlafen, wenn mein Magen knurrte. Doch in der Zeit, als ich übertrieben viel Sport trieb, freute ich mich jeden Abend, wenn mein Magen knurrte, weil ich mir erhoffte, dann Gewicht zu verlieren. Dieser Gedanke ist so falsch. Der Körper braucht Energie. Hungern ist niemals in Ordnung, denn mit Hungern schadest du deinem Körper. Es ist auch überhaupt nicht schlimm, wenn der Körper hin und wieder nach Süßem verlangt, denn auch das ist ein natürliches Bedürfnis des Menschen.

Eine Zeit lang wollte ich auf Zucker verzichten, weil ich mal gelesen hatte, dass Zucker süchtig macht. Also dachte ich: Wenn ich gar keinen Zucker mehr esse, dann wird auch das Verlangen danach irgendwann verschwinden. Das mag ja stimmen, aber wieso sollte ich mich quälen und auf etwas verzichten, wenn ich es in Maßen genießen kann und dabei viel ausgeglichener bin?

Zucker und andere Lebensmittel, die in den Augen der Gesellschaft als böse gelten, begegnen uns überall. Im Fernsehen, auf Plakaten, in Zeitschriften, aber auch zu Festen. Als Lehrerin einer Grundschulklasse bringen mir die Schüler Kuchen und Gebäck mit, wenn sie Geburtstag haben. Ein einziges Mal während meines Praktikums, als es mir aufgrund meiner Probleme mit dem Essen sehr schlecht ging, habe ich verzichtet und gesagt, ich hätte Bauchweh, deshalb könnte ich nichts essen. Dabei hatte ich einfach so wahnsinnig Angst davor zuzunehmen, wenn ich diesen Schokomuffin esse. Ich wusste aber, dass ich noch viele Jahre, viele Geburtstage und somit viel Kuchen vor mir hatte, wenn ich weiterhin als Lehrerin arbeiten würde. Sollte ich jedes Mal irgendeine Ausrede erfinden, um nicht essen zu müssen? Wie anstrengend und irgendwann auch nicht mehr glaubwürdig, oder?

Wenn wir schon beim Thema Geburtstag sind: Wie ihr wisst, waren Feiern, besonders italienische, auch sehr schwierig, weil es so viel leckeres Essen gab. Die Stimme in meinem Kopf, die wollte, dass ich schlank bleibe, machte es mir alles andere als leicht. Als hätte diese eine Stimme nicht gereicht, war da noch die andere, die mich ermutigte, zu essen. Sie wollte, dass ich das Leben genieße, und sie hatte doch Recht! Letztendlich setzte sich die zweite Stimme durch, was ja eigentlich großartig war, doch es war jedes Mal ein Kampf. Mein Kopf war total überfordert von all den Schuldgefühlen und Gedanken. Mein Körper wollte alles zurück, was ich ihm so lange vorenthalten hatte.

Ich finde, dass man in vielen Bereichen im Leben diszipliniert sein muss, aber definitiv nicht, wenn es ums Essen geht.

Wenn ich heute so darüber nachdenke, haben beide Stimmen ihre Berechtigung. Doch du solltest dich nicht schuldig fühlen: Nachdem man sich Lebensmittel so lange versagt hat, ist es normal, sich nach ihnen zu sehnen. Das ist kein Grund, sich schlecht zu fühlen, dafür aber ein Grund, etwas zu ändern. Denn die zweite Stimme hatte natürlich auch Recht: Man sollte das Leben mit allem, was dazugehört, genießen. Es braucht wahnsinnig viel Disziplin, zu so vielen Lebensmitteln „Nein" zu sagen. Denn sie begegnen uns überall, und das Verlangen nach ihnen ist eine normale körperliche Reaktion. Ich finde, dass man in vielen Bereichen im Leben diszipliniert sein muss, aber definitiv nicht, wenn es ums Essen geht.

Du musst essen, egal ob du am gleichen Tag Sport gemacht hast oder nicht, egal wie viel du wiegst, egal ob du zugenommen hast, egal ob du das Gefühl hast, du hättest es nicht verdient, egal ob du den Tag vorher zu viel gegessen hast und egal wie viele Kalorien die Lebensmittel enthalten. Essen ist immens wichtig, damit du mit Energie durch das Leben gehen kannst, und Essen kann, wenn man es zulässt, ein Genuss sein.

Intuitiv Essen ist das, was die meisten Kinder uns vormachen. Haben sie Hunger? Dann verlangen sie nach Essen. Sind sie satt? Dann schieben sie den Teller von sich weg. Eigentlich ist intuitives Essen gar nicht kompliziert, wenn man nur nicht verlernt hätte, auf den Körper zu hören. Viele von uns haben kein Gespür mehr für ihr Hunger- oder Sättigungsgefühl, da wir von allen Seiten beeinflusst werden und uns gesagt wird, wann und was wir essen sollen und was nicht. Doch genau das ist es, was intuitives Essen ausmacht: Du hörst auf den Körper und auf deine Bedürfnisse. Um das wieder zu erlernen, braucht es eben Geduld, denn es ist ein langer Prozess, bis man wieder Hunger oder Sättigung spürt, nachdem man ganz lange beides unterdrückt oder ignoriert hat. Aber es ist machbar. Ich habe es geschafft, und ich glaube an dich und jeden da draußen, der es wieder erlernen möchte. Intuitiv Essen ist ein umfangreiches Thema, deshalb habe ich mich dazu entschieden, die wichtigsten Punkte aufzulisten, die dazu beigetragen haben, dass ich den Bezug zum Essen und zu meinem Körper wiedergefunden habe. Mein Buch und meine Ratschläge sind aber keine Garantie dafür, dass du den Weg raus aus einer Essstörung findest, es ist lediglich eine Stütze.

Alle Lebensmittel sind erlaubt

Es gibt kein Lebensmittel, das dich dick macht, denn wie so oft im Leben kommt es auf das Maß an. Wenn du dich jeden Tag von Fast Food ernähren würdest, dann wäre das natürlich ungesund, und dann kannst du eine Gewichtszunahme kaum vermeiden. Das weißt du aber selbst. Ich kann und möchte dir nicht sagen, wie viel von was du wie oft essen sollst. Denn das entscheiden du und dein Körper, nicht ich. Nimm dir Zeit, deine eigenen Bedürfnisse zu erspüren. Du musst verinnerlichen, dass kein Lebensmittel verboten ist und dass alle Lebensmittel immer verfügbar sind. Du kannst jederzeit alles essen, was du möchtest. Wenn du das weißt und dir wirklich bewusst machst, dann wird das Verlangen nach „Verbotenem" mit der Zeit geringer. Es ist wie bei den Kindern. Wenn ein Kind etwas haben will und du es ihm verbietest, dann will das Kind es umso mehr. Das ist absolut normal. Deshalb: Wenn du verstehst, dass jedes Lebensmittel gut und immer verfügbar ist, geht auch das Verlangen mit der Zeit zurück. Aber das braucht Geduld und auch Mut.

Höre auf deine Hungergefühle

Auch das ist etwas, was viele verlernt haben, und zwar aus unterschiedlichen Gründen. Einer ist sicher, dass viele Menschen aufgrund ihrer Arbeit zu festen Zeiten essen müssen. Andererseits ist Essen heute rund um die Uhr überall verfügbar. So entsteht das Bedürfnis, zwischendurch eine Kleinigkeit zu essen, obwohl man eigentlich keinen Hunger hat. Viele essen auch, um Gefühle zu kompensieren: Langeweile oder das Bedürfnis nach Belohnung werden oft durch Essen ausgeglichen. Es ist wichtig, dass du nur dann isst, wenn du wirklich Hunger verspürst. Von mir wirst du nie hören, dass du, um deinen Körper auf Hungergefühle zu testen, ein großes Glas Wasser trinken sollst. Du musst nur auf deinen Körper hören. Wenn du hungrig bist, ist dein Körper nicht so leistungsfähig, wie wenn du satt bist. Zentral ist wirklich, dass du lernst, auf deinen Körper zu hören. Höre weder auf deine Mitmenschen noch auf Tipps in Magazinen. Iss, wenn du Hunger hast. Du darfst.

Höre auf deine Sättigungsgefühle

Gerade wenn man es gewohnt ist, den Magen immer wieder zu strapazieren, weil man sich überisst, ist es normal, dass man den Bezug zum eigenen Sättigungsgefühl verloren hat. Man kann es sich aber wieder zurückerobern. Den Spruch „Du musst deinen Teller aufessen!" kennen die meisten von uns sehr gut. Meine Mama hat das früher ständig gesagt. Auch ich bin gegen Essensverschwendung und werfe nie etwas weg. Mir wurde das so beigebracht. Aber ich hatte lange das Problem, dass ich aufgrund der Essstörung dachte, ich müsste jede Packung leeren, jedes Essen, das Mama gekocht hatte, aufessen, damit ja nichts übrig bleibt. Ich musste lernen, auf meine Sättigungsgefühle zu hören. Doch wann ist genug denn wirklich genug? Das ist sehr schwierig zu beantworten, da auch das individuell ist. Ein Tipp: Iss ganz bewusst und langsam und konzentriere dich auf das, was der Körper dir sagt. Es reicht nicht, dass du das nur einmal machst, du musst es immer wieder üben. Versuche es mal mit kleineren und mal mit größeren Portionen und schau, wie dein Körper reagiert.

Konzentriere dich aufs Essen und lenke dich nicht ab

In unserer stressigen Welt machen viele den Fehler, dass wir neben dem Essen noch andere Dinge parallel tun und deshalb vom Essen abgelenkt werden. Das Problem ist, dass man das Essen nicht richtig wahrnimmt, wenn man nebenbei ein Buch oder eine Zeitung liest, fernsieht oder am Handy herumspielt.

Ist es dir auch schon passiert, dass du nach dem Essen das Gefühl hattest, nicht wirklich gegessen zu haben? Ganz oft hatte ich nach dem Essen noch Appetit auf etwas Süßes, da ich ja gar nicht so viel gegessen hatte. Dabei hatte ich genug gegessen, nur habe ich es nicht wahrgenommen. Wenn man es nicht aktiv wahrnimmt, genießt man das Essen weniger, und das ist sehr schade. Außerdem passiert es unter Ablenkung viel leichter, dass man über das Sättigungsgefühl hinaus isst. Wenn du dein Essen wirklich wahrgenommen und dann immer noch Lust auf etwas Süßes hast, darfst du das natürlich essen.

Auch wenn es ungewohnt ist: Leg das Handy oder die Zeitung weg, wenn du isst, und schalte den Fernseher aus. Nimm wahr, was du isst.

Iss, was dir auch wirklich schmeckt

Nur weil ein Nahrungsmittel gerade in Mode ist, musst du es nicht essen! Über Monate habe ich Goji-Beeren und andere sogenannte Superfoods gegessen. Ich dachte, ich müsste diese Dinge essen, um mitreden zu können. Natürlich wusste ich, dass diese Lebensmittel gesund sind, aber geschmeckt hat mir nicht alles. Trotzdem habe ich sie weiterhin gegessen, weil gesunde Lebensmittel in meinem Kopf immer ans Abnehmen geknüpft waren. Aber es ist schade, Geld für etwas auszugeben, das du nicht genießen kannst. Ich finde es sehr wichtig, dass du isst, was dir wirklich schmeckt, denn dann vergeht dir auch nicht die Lust aufs Essen, im Gegenteil: Wenn du deinem Körper das gibst, was er mag, dann lernst du, das Essen zu genießen. Lerne deine Bedürfnisse auch hier kennen: Was schmeckt dir? Was schmeckt dir nicht?

HAST DU VON DIESER NEUEN DIÄT GEHÖRT?

Kennst du das: Plötzlich hörst du von einer neuen Diät und bist begeistert. Endlich wird alles anders!

Wenn du dich entschieden hast, der Diät-Kultur den Rücken zuzukehren, kann es sein, dass sich plötzlich deine beste Freundin oder deine Schwester oder jemand anders dafür entscheidet, diese eine neue, supertolle, erfolgsversprechende Diät auszuprobieren. Dann musst du stark bleiben, denn womöglich schwärmt sie davon, wie viele Menschen dieses Programm erfolgreich durchgezogen haben und so zur Traumfigur gefunden haben, und ihre Augen glänzen, weil sie dasselbe für sich erhofft. Es sei auch keine Diät, sagt sie, denn sie sei komplett anders als alle anderen Diäten, und dieses Mal läuft man auch nicht Gefahr, dass der sogenannte Jojo-Effekt eintritt.

> Du musst lernen, die Tricks zu durchschauen, um Frieden mit deinem Körper zu schließen.

Doch egal, wie deine Freundin es nennt: Diät bleibt Diät. Wenn man verzichtet und sich einschränkt, macht man eine Diät. Das muss man gar nicht unnötig durch Synonyme wie Programm oder Kur tarnen. Du darfst nicht nachgeben und schwach werden. Du möchtest ja endlich Frieden mit dem Essen schließen und nicht mehr verzichten, oder?

Wenn deine Freundin mit einem verlockenden Programm kommt, werde nicht schwach, egal wie vielversprechend es scheint. Wenn du nicht lernst, zu widerstehen und die Tricks zu durchschauen, läufst du Gefahr, nie mit dem Essen und deinem Körper Frieden zu schließen. Und das wäre schade, weil du viel mehr bist als das, was die Gesellschaft dir diktiert. Wie solltest du nun aber mit deiner Freundin oder deiner Schwester umgehen, die sich für eine Diät entschieden hat? Aus Erfahrung kann ich dir sagen, dass man Menschen – vor allem Frauen – kaum davon abbringen kann, ihrer „Traumfigur" nachzueifern. Du kannst dich schützen und beim ersten Diät-Wort „STOPP" zu ihr sagen, wenn du das Gefühl hast, dass sie und ihre Diät dich in ihren Bann ziehen. Das ist absolut legitim, weil du immer zuerst auf dich achten musst. Genau das habe ich damals auch getan. Glaube mir, es war nicht einfach. Ich hatte schließlich eine jahrelange On-Off-Beziehung zu Diäten. Irgendwann, als ich fest entschlossen war, nie wieder auf etwas zu verzichten, passierte es: Meine beste Freundin kam mit diesen strahlenden Augen voller Vorfreude und Hoffnung zu mir, weil sie von einer Diät erfahren hatte, die super sein sollte und ihr ein paar Kilos wegzaubern würde.

Ich, die gerade mit aller Kraft aus einer Essstörung herausfinden wollte und damit wirklich zu kämpfen hatte, hörte eine Weile zu. Denn zugegeben, es war verlockend. Dann aber kamen Erinnerungen auf, die mich sofort wachrüttelten und mir signalisierten, dass ich mich gerade in einer Gefahrenzone befand. Ihre Worte über Kalorien, Verzicht, Kohlenhydrate und verlorene Kilos waren triggernd, also sehr gefährlich, und

> **Keine Diät der Welt wird dich, deine Freundin, deine Schwester oder irgendjemanden rundum glücklich machen.**

deshalb benötigte ich viel Energie, um der Verlockung zu widerstehen, mit ihr zusammen diese Diät zu machen. Ich schob dem Ganzen einen Riegel vor und sagte ihr nur, dass ich lieber über etwas anderes reden würde. Ich war nicht imstande, ihr zu sagen, dass ich absolut gegen Diäten bin oder dass dieses Gespräch mich negativ beeinflussen könnte oder dass sie es lieber sein lassen soll, weil im Endeffekt auch diese Diät sie nicht glücklich machen würde.

Du kannst es so handhaben, wie du es für richtig hältst. Wenn du dich stark genug fühlst, so etwas zu sagen, dann tu es. Wenn deine Energie aber nur dafür ausreicht, in deinem Kopf eine Barriere zu errichten, dann ist auch das absolut okay. Wichtig ist nur, dass du stark bleibst und der Verlockung widerstehst. Unser Motto, um mit dem Essen Frieden zu schließen: Nie wieder mache ich eine Diät!

> Unser Motto:
> Nie wieder mache
> ich eine Diät.

INTUITIV SPORT TREIBEN

Gibt es eine Sportart, die du gerne machst, bei der du dich gut fühlst? Hast du dich auch schon zu Sportübungen gezwungen, die dir eigentlich überhaupt keine Freude bereiteten?

Um es gleich klarzustellen: Wenn dir nicht nach Sport ist, dann bin ich die letzte, die dich mit diesem Buch unbedingt motivieren möchte, es zu versuchen. Ich weiß nämlich, wie sehr jeder noch so gut gemeinte Tipp einen unter Druck setzen kann, und das will ich nicht. Du bist ein wertvoller Mensch, auch wenn du keinen Sport machst. Du musst selbst wissen, ob und was du tun möchtest oder kannst, um dich zu bewegen. Wenn du merkst, dass jemand dir deswegen Vorschriften machen möchte, dann denke einfach an den kleinen Selbstliebe-Rebell in dir. Allein du entscheidest über deinen Körper und niemand anders.

Ich möchte dir eine Geschichte von jemandem erzählen: Ein Freund von mir rennt wie besessen jeden Tag ins Fitnessstudio, ernährt sich nur von Reis und Hühnchen, und wenn es mal vorkommt, dass er nicht ins Fitnessstudio gehen kann oder etwas isst, was Fett und/oder Zucker enthält, dann plagt ihn das schlechte Gewissen. Er kann die Gedanken kaum abschalten, die ihn so runterziehen. Schließlich steht er kurz vor seinem Ziel: Er möchte endlich einen muskulösen, definierten Bauch besitzen. Er weiß, dass diese Art von Fitness extrem ist und ihn auf Dauer nicht glücklich macht. Oft belächelt er mich, weil ich manchmal zwei Wochen lang gar keinen Sport mache und trotzdem jeden Tag ein Stück Schokolade esse und auch sonst das esse, was er niemals essen würde: „Morena, wir leben in komplett unterschiedlichen Welten.", sagte er mir mal.

Na ja, soweit ich weiß, leben wir in der gleichen Welt, nur lasse ich mich nicht mehr von Schönheitsidealen dazu verleiten, meinen Körper und meine Seele ständig an ihre Grenzen und gelegentlich darüber hinaus zu bringen. Er weiß eigentlich, dass es so nicht weitergehen kann, er fühlt es mit jeder Faser seines Körpers. Trotzdem hält er sich an diesem einen Wunsch fest. Zweimal ist ihm sogar ganz unauffällig, ganz leise, als ob er es eigentlich gar nicht sagen wollte, herausgerutscht, dass ich es schon irgendwie richtig mache, weil ich in der Lage bin, auf meine Bedürfnisse zu achten.

Er weiß aber nicht, dass ich mal am gleichen Punkt war wie er. So wie ihm geht es nicht nur sehr vielen Männern, sondern auch sehr vielen Frauen. Während es für die meisten Männer das ultimative Ziel ist, einen Waschbrettbauch zu haben, wollen die Frauen in den meisten Fällen einfach schlank sein und vor allem einen flachen Bauch haben. So wie ich lernen musste, intuitiv zu essen, musste ich auch in Sachen Sport lernen, wieder Freude an der Bewegung zu finden, was anfangs überhaupt nicht einfach war.

> Ich musste lernen, wieder Freude an der Bewegung zu finden.

Man wird von allen Seiten immer wieder daran erinnert, wie wichtig Bewegung für die Gesundheit ist, sodass man sich schnell fast gezwungen fühlt, irgendetwas zu tun, egal was. Du hast bestimmt auch schon gehört, dass dreißig Minuten spazierengehen am Tag im Grunde schon ausreichen, um gesund zu leben. Dann könntest du eigentlich die ganzen Tipps aus Magazinen, Internet oder TV, zum Beispiel wie du endlich mit Joggen beginnen kannst, wie du Fett in Muskeln umwandelst und wie du deinen Bauch richtig trainierst, ignorieren.

Das ist aber einfacher gesagt als getan. Man macht es ja schließlich für die Gesundheit. Nicht jeder, der einen Waschbrettbauch, einen großen Bizeps, einen knackigen Po und eine schlanke Figur anstrebt, tut das wegen der Gesundheit. Klar ist das ein toller Nebeneffekt, den man mit Training erzielen kann, wenn man es nicht übertreibt. Aber die meisten machen es nur, um ihren Körper zu manipulieren und so auszusehen, wie sie es sich wünschen. Um nicht zuzugeben, dass man es für das eigene Aussehen macht, behaupten viele, dass alles im Namen der Gesundheit passiert. Ich weiß das, weil ich mir selbst, aber auch anderen, die sich um mich sorgten, das gleiche vormachte, bis ich irgendwann keine Motivation mehr hatte. Was dann?

Bewegung ist schon wichtig und trägt definitiv zur Gesundheit bei, aber du musst nicht jeden zweiten oder dritten Tag joggen gehen, dreimal pro Woche Yoga machen oder deine ganze Freizeit im Fitnessstudio verbringen, nur weil du das überall liest. Es sei denn, du möchtest es wirklich. Doch Sport wird ganz oft aus den falschen Gründen getrieben, und deshalb läuft man auch Gefahr, dass man irgendwann keine Lust mehr hat. Denn die meisten machen es nicht, weil sie gesund und

> Ich konnte wirklich nicht mehr, und es gab nichts, was mir in dieser Zeit hätte Spaß machen können.

vital sein möchten. So war es bei mir auf jeden Fall. Gut, ich hätte von Anfang an wissen sollen, dass sowohl der Körper als auch die Seele zwei bis drei Stunden Fitness täglich irgendwann nicht mehr durchhalten. Ich war nach ein paar Monaten tatsächlich ausgelaugt. Und wann immer ich mich zum Sport aufzuraffen versuchte, wehrte sich jede Faser meines Körpers. Ich konnte wirklich nicht mehr, und es gab nichts, was mir in dieser Zeit hätte Spaß machen können.

Das Problem war, dass ich auf Instagram, gerade als der Fitness-Trend aktuell war, ständig und überall auf Menschen stieß, die so wahnsinnig motiviert zu sein schienen und mehr und mehr Erfolge erzielten, während ich eher eine Rolle rückwärts machte. Ich fühlte mich schlecht deswegen, sah aber lange nicht ein, dass ich selbst schuld daran war. Als ich nach der Abnehm-Phase wieder zugenommen hatte, suchte ich Wege, um mich wieder zu motivieren. Ich habe einen Fitnessblog gestartet, mich im Fitness-Studio angemeldet und neue Trainingskleidung gekauft. Ich habe sogar bei einer Six-Pack-Waschbrettbauch-Challenge eines Fitness-Magazins für Frauen mitgemacht, die ganze zwei Monate dauerte. Das waren die härtesten zwei Monate, das sage ich dir. Denn ich ging in dieser Zeit jeden Tag ins Fitnessstudio, und das nur, weil ich einfach wieder schlank, straff und trainiert sein wollte. Ich hielt mich verzweifelt an diesem Ziel fest, so wie es auch dieser eine Freund von mir und viele andere tun.

Als ich eines Nachmittags auf dem Sofa saß und unmotiviert war, ist mir plötzlich ein simpler, aber wirkungsvoller Satz durch den Kopf geschossen: Wenn es nicht zu deinem Lebensstil passt, Morena, dann lass es doch lieber sein. Das leuchtete

> Wenn es nicht zu deinem Lebensstil passt, und dir keinen Spaß macht, dann lass es sein.

mir ein: Wieso sollte man sich zu etwas zwingen, das einem keinen Spaß macht? Das Leben ist zu kurz, um sich ständig zu quälen! Klar muss man manchmal Dinge machen, die man nicht gern tut, oder durch Zeiten gehen, die nicht einfach sind, aber wenn man mal unter der Erde liegt, interessiert es niemanden, wie oft man ins Fitnessstudio gerannt ist, welche Übungen man gemacht hat, wie viele Kalorien man verbrannt hat.

Wer behauptet, dass man früher sterben würde, wenn man all diese Dinge nicht tut, der hat keine Ahnung. Wie viele Moralapostel (vor allem auch in der Online-Welt) haben auf mein kleines Wohlfühlbäuchlein gezeigt und mir gesagt, dass ich ungesund lebe, weil jeder mit ein bisschen Sport und der richtigen Ernährung dünn sein kann. Heute denke ich mir: Wer hat gesagt, dass ich dünn sein möchte? Und nein, ich habe es auch schon versucht, danke für deinen unnötigen Tipp.

Nicht jeder ist dazu gemacht, schlank zu sein. Wie so oft im Leben ist es wichtig, dass man genießt, dass man Freude hat, dass man gut lebt und eine Balance findet. Denn erwiesen ist,

> Nicht jeder ist dazu gemacht, schlank zu sein.

dass Stress der Gesundheit schadet, und wenn man sich wegen eines doofen Ideals unter Druck setzt wie ich damals, dann bedeutet das Stress. Gesundheit bedeutet für jeden etwas anders. Es gibt eben nicht die Zauberformel, die auf jeden anwendbar ist. Ich weiß noch, als ich vor ein paar Jahren dieses zweimonatige Fitness-DVD-Programm durchgezogen habe, das im ersten Monat etwa 35 Minuten und im zweiten Monat eine Stunde Ausdauer- und Krafttraining bedeutete. Das war wirklich hart, vor allem, weil ich absolut keine Erfahrungen und dementsprechend total unsportlich begonnen hatte. Nach zwei Monaten war ich tatsächlich wahnsinnig fit. Doch dazwischen hatte ich Tage, an denen mein Körper mir Signale sendete, die ich ignorierte. Eines Nachmittags, nachdem ich etwa 25 Hampelmänner absolviert hatte, wurde mir plötzlich schwarz vor Augen. Ich war am Anfang der Trainingseinheit und merkte, dass irgendetwas nicht stimmte. Das blendete ich jedoch aus und versuchte verbissen, weiter zu hüpfen, schließlich durfte ich nicht aufgeben. Das schrie zumindest dieser Muskelprotz im TV, der mich damals anspornte. Zum Glück war meine Mama zu Hause, die sich sofort um mich kümmerte, denn plötzlich lag ich am Boden. Während ich einen Hampelmann absolvierte, wurde mir schwindelig. Ich fand mich auf dem kalten Fliesenboden wieder.

Das Problem waren nicht die Hampelmänner an sich, die ich machen musste, und auch nicht die anderen Übungen, sondern mein Körper, der nicht mehr konnte. Ich brachte ihn mit zwei bis drei Stunden Sport am Tag nicht nur an seine Grenzen, ich verlangte von ihm auch, dass er das alles ohne genügend Nahrungszufuhr meistern sollte. Du schüttelst jetzt bestimmt den Kopf – das tue ich heute auch – aber was wusste ich damals schon? Es ist wie mit der Liebe. Man sagt ja, Liebe macht blind, oder? Schönheitsideale machen auch blind, denn erstens lassen sie dich im Glauben, dass sie wichtiger sind als du selbst und du niemals gut genug wärst. Was absolut falsch ist. Und zweitens verleiten sie manche Menschen dazu, Dinge zu tun, mit denen man sich eigentlich nicht wirklich identifizieren kann.

Mittlerweile treibe ich intuitiv Sport und lebe viel gesünder als noch vor ein paar Jahren, wo ich jeden Tag nur noch an diesen flachen Bauch dachte und meine Tage danach plante. Wenn ich Sport mache, dann erhoffe ich mir keine körperlichen Veränderungen mehr. Deswegen kann es auch vorkommen, dass ich mal zwei Wochen keinen Sport mache, vielleicht auch drei Wochen nicht. Während ich mich früher um fünf Uhr morgens zum Joggen im Dunkeln rausgequält habe, damit es möglichst irgendwie in meinen vollgepackten Uni-Tag passte, gehe ich heute gern mal an einem Wochenende raus, wenn ich ausgeruht bin und es zeitlich passt. Ich tanze außerdem unheimlich gerne, habe auch eine Zeit lang Zumba (du weißt schon, diese Tanz-Fitness, die dich deine Hüften so richtig schwingen und trotzdem schwitzen lässt) unterrichtet. Da musste ich übrigens aufhören, weil ich nicht nur keine Energie mehr hatte, ich konnte auch nicht mehr in den Spiegel schauen. Während der Essstörung sah ich nämlich nur Makel an meinem Spiegelbild, und trotzdem wollte ich für meine Schüler mein Bestes geben. Mich auf beides zu konzentrieren raubte mir die Energie, und so musste ich mit meiner größten Leidenschaft, dem Tanzen, aufhören.

Heute tanze ich wieder, besuche hin und wieder auch Kurse und fühle mich einfach nur wohl. Denn durch das Tanzen habe ich begriffen, dass mein Körper mir so viel geben kann, wenn ich ihn einfach richtig behandle. Sieh deinen Körper als einen Tempel, auch wenn sich das vielleicht komisch anhört, aber diesen Körper wirst du nicht mehr los, egal wie sehr du es dir manchmal wünschst. Er mag Dinge an sich haben, die du vielleicht nicht magst, aber er ermöglicht dir so viel. Deshalb hat er es auch verdient, dass du ihn gut behandelst, dass du ihm die Bewegung gibst, die sich für dich und ihn gut und richtig anfühlt. Du musst nicht jedes Mal schwitzen, kämpfen und an deine Grenzen kommen.

Wenn du gut zu ihm bist, wird er dich noch ganz lange begleiten und es dir ermöglichen, Dinge zu tun, die du gerne machst. Das kannst du von ihm aber nicht erwarten, wenn du ihn maßregelst und behandelst, als wäre er dein größter Feind. Wenn du merkst, dass du dich gerne bewegen möchtest, dann mach das.

> Probiere Verschiedenes aus, um herauszufinden, was dir wirklich zusagt, was dir gut tut und Freude bereitet.

Probiere verschiedene Möglichkeiten aus, vielleicht macht dir Tanzen keinen Spaß, vielleicht ist dir Yoga oder simples Spazierengehen zu langweilig. Was mir gefällt, mich beruhigt oder auch aktiviert, muss dir nicht unbedingt zusagen.

Lass dir Zeit und vergiss nicht, dass du es für dich und deinen Körper tust, damit es euch beiden gut geht, nicht um ihn zu verändern. Und wenn du nicht magst, dann lass es. Zwing dich zu nichts, denn so hilfst du dir auch nicht.

Nichts spricht dagegen, mal den inneren Schweinhund zu besiegen. Das Gefühl, wenn du ihn besiegt hast und dich zum Sport aufgerafft hast, ist tatsächlich megatoll! Aber wenn du ständig gegen diesen Schweinehund ankämpfen musst, dann

Treibe Sport, um deinem Körper etwas gutes zu tun, nicht, um ihn zu verändern

läufst du Gefahr, die Freude am Sport zu verlieren. Als es mir so ging, habe ich einfach ein paar Monate pausiert und bin einfach nur spazierengegangen, und zwar jeden Tag oder jeden zweiten, je nachdem, wie ich Zeit hatte. Genau das hatte ich damals gebraucht. Nur so konnte ich meine Gedanken sammeln und die bösen Stimmen in meinem Kopf, die nur von Schönheit, Aussehen, Perfektion und Körper sprachen und mich ständig von allem anderen ablenken wollten, verstummen lassen.

Ich habe in dieser Zeit gelernt, dass es wichtig ist, auf den Körper zu hören, und Spazierengehen war tatsächlich mein Bedürfnis. Wenn ich es aber nicht ausprobiert hätte, wäre ich niemals darauf gekommen. Probiere also einfach verschiedenes aus und höre auf deinen Körper, auf seine Signale und seine Bedürfnisse. Gemeinsam werdet ihr schon herausfinden, was dir gut tut. Wenn du an Werbung mit superschlanken und trainierten Menschen vorbeiläufst oder du im Fernsehen, in Magazinen oder in den sozialen Medien auf Bilder stößt, die dich in ihren Bann ziehen, dann denk an den kleinen Selbstliebe-Rebell in dir und kontere mit: *Hey, ich bin gut so, wie ich bin, egal wie ich aussehe. Und wenn ich mich bewegen möchte, dann mache ich das, aber auf meine Art und Weise, in meinem Tempo, und zwar so, wie es mir gefällt.* Lass dich niemals von Werbung herunterziehen

Wenn du dich bewegen möchtest, dann tu das. Auf deine Art und Weise.

oder von Bildern auf Instagram. Denn die Menschen, die dort posten, zeigen nur einen kleinen Ausschnitt aus ihrem Leben. Vielleicht machen sie uns was vor, vielleicht haben sie auch die Nase voll von diesem ganzen Druck, vielleicht haben auch sie manchmal mit sich oder der Welt zu kämpfen, wir wissen es nicht.

In der Online-Welt wird gerne mal etwas vorgemacht, was nicht stimmt. Warum? Ich nehme an, dass sich niemand gerne leidend oder verletzlich zeigt, denn man wird heute für alles schnell angegriffen und kritisiert. Doch trotzdem ist gerade in der Social-Media-Welt, die für uns offenbar immer wichtiger und präsenter wird, nicht alles Gold, was glänzt. Deshalb glaube nicht alles, was du siehst.

Ich habe schon oft mitbekommen, wie selbst die, die sehr bekannt sind und als Vorbilder angesehen werden, mit sich kämpfen. Das ist normal, und doch vergessen es viele oft. Eine Freundin von mir, die als erfolgreichstes Schweizer Fitness-Model bekannt ist, kann dir mehr dazu erzählen. ♥

anjazeidler

Schon als Kind wusste ich, dass ich eines Tages in der Öffentlichkeit präsent sein möchte. Mit viel Ehrgeiz und Fleiß wurde ich zum bekanntesten Fitnessmodel der Schweiz. Ich war in internationalen Magazinen rund um den Globus zu sehen und flog für Fotoshootings um die ganze Welt. Ich war schon immer eine fröhliche, selbstbewusste und vor allem sehr starke Person. Zu einem gewissen Zeitpunkt jedoch nicht stark genug, nämlich als ich meine Fitnesskarriere in den USA fortsetzte. Trotz eines wunderschön gesunden und immer noch weiblichen Körpers bekam ich in Los Angeles zu hören, ich sei noch nicht schlank und zugleich muskulös genug, um mit den Großen mitzuhalten. Dass das Business knallhart ist, war mir klar. Ich war also bereit, alles zu geben. Um jeden Preis.

Ich folgte den großen Fitnessmodels auf Social Media, die ich mir zum Vorbild nahm. Ich blendete aus, was ich eigentlich schon selbst alles erreicht hatte. Ich ließ das Gefühl zu, nicht wie sie und somit nicht gut genug zu sein. Schließlich dauerte es nicht lange, bis mir leistungssteigernde Medikamente wie auch Anabolika empfohlen wurden. Durch Instagram scrollend blieb mein Blick bei all den Fotos von muskelbepackten und surrealen Körpern von Frauen hängen. Arbeiten die denn alle mit Hunger unterdrückenden und Muskeln aufbauenden Pillen?

Ich erinnere mich, wie mein damaliges Vorbild mich dazu ermutigte: Ach, das machen alle, es ist nicht schlimm. Du wirst super aussehen. Damals strebte ich diesen Look an, in der Hoffnung, noch glücklicher und noch erfolgreicher zu werden. Zudem habe ich mir, wie sie alle, Brustimplantate einsetzen lassen. Ein Jahr lang war ich „auf Stoff". Von meiner Familie habe ich mich komplett abgewandt, obwohl ich immer ein sehr enges Verhältnis pflegte. Ich wollte nicht hören, dass dies ungesund sei, denn das verdrängte ich. Mein Körper veränderte sich drastisch. Ich nahm zudem ungesunde Essgewohnheiten an. Neben mehr Muskeln und weniger Fett kamen auch andere Veränderungen dazu: Meine Periode blieb aus, meine Stimme wurde tief, mein gesamtes Wesen veränderte sich. Das alles nur, um perfekt auszusehen? Ich stellte fest: Was ich auch versuchte, es ist nie gut genug. Ich finde immer wieder etwas Neues, was ich verbessern will.

Eine Freundin außerhalb der Fitnessszene hat mir den Spiegel vorgehalten. Nur durch intensive Unterstützung von Freunden und Familie schaffte ich es nach drei Anläufen, meine Sport- und Medikamentensucht zu beenden. Ich litt beim Absetzen unter starken Depressionen und einer Gewichtszunahme. Ich musste lernen, mich selber als eigene Person zu akzeptieren und meine Balance wiederzufinden. Das ist mir gelungen! Heute rede ich offen über meine Erfahrungen, denn ich weiß, dass auch ich eine Zeit lang ein falsches Vorbild war. Auch ich habe andere mit meinem Perfektionismus verunsichert. Viele denken darüber nach, sich wie ihre falschen Vorbilder operieren zu lassen oder Tabletten zu schlucken. Dieses unnatürliche Idealbild will ich nicht länger unterstützen.

Es hat seine Zeit gebraucht, aber ich bin aufgewacht. Mittlerweile habe ich meine Brustimplantate wieder entfernen lassen. Ich kann mich heute auch mit weniger Knack-Po, weniger Sixpack und mehr Weiblichkeit lieben. Ich fühle mich schöner und entspannter denn je. Wenn ich Bilder vergleiche vor meiner Bodybuilding-Zeit und heute, sehe ich dieselbe Person. Ich bin wieder ich! Um einiges an extremen Erfahrungen reicher, aber ohne diese würde ich vielleicht noch heute in der Welt des Perfektionismus herumirren. Ich bin überglücklich, fühlen zu dürfen, dass es etwas Wunderbares ist, mit sich selbst im Reinen und einzigartig zu sein!

NOVEMBER 2013

Die Essanfälle gehörten mittlerweile zum festen Bestandteil meines Lebens. Es verging keine Woche, ohne jeden Tag komplett dem Essen zu widmen. Ich saß morgens in Vorlesungsräumen und dachte ans Essen, ich war bei der Arbeit und dachte ans Essen. Auch zu Hause dachte ich nur ans Essen. Je mehr ich über Essen und Nicht-Essen nachdachte, desto größer wurden meine Verzweiflung und auch der Frust, den ich dann wiederum mit Essen unterdrücken wollte. Ich wusste, dass ich etwas ändern musste, aber ich wusste absolut nicht, wie. Durch mein Studium hatte ich automatisch weniger Zeit für Sport. Da ich weniger Sport machte und mehr als *üblich* aß, nahm ich also langsam zu. Dies ging nicht spurlos an mir vorbei und war der Grund, wieso ich immer wieder versuchte, einschränkende Ernährungsweisen in mein Leben zu integrieren. Es hatten sich mittlerweile zu viele Informationen über Ernährung in meinem Kopf angesammelt, und ich bereute es damals, mich so gründlich informiert zu haben. Denn diese Informationen waren ständig präsent, sodass es für mich immer

> Dieser ewige Kampf mit mir und gegen mich selbst schien endlos zu sein.

schwieriger wurde, meine Ernährung auf eine normale Schiene zu bringen. *Was darf, was soll ich nur essen?*

Dieser ewige Kampf mit mir und gegen mich selbst schien endlos zu sein. Zudem musste ich meine Sporteinheiten frühmorgens vor dem Studium oder spätabends nach der Arbeit absolvieren, was mich zusätzlich müde machte. Doch das Beste kommt noch: Eines Abends saß ich im Fitness-Studio an einem Gerät, und während ich konzentriert eine Übung absolvierte, kam ein Freund, den ich von früher kannte, zu mir und meinte: „Hey Morena, du hast ganz schön zugenommen. Du warst auch schon schlanker!" Wow!

Ich wünschte, ich hätte damals so reagiert, wie ich es heute tun würde und wie ich es allen rate, die sich so doofe Sprüche anhören müssen: „Na und? Bin ich jetzt ein schlechterer Mensch oder was?" Menschen, die so frech und oberflächlich sind, sollte man nicht weiter beachten. Ich weiß, dass es einem sehr nahe gehen kann, das war bei mir damals auch so.

Heute kann ich über solche Kommentare wirklich nur lachen. Aber ich bin leider immer noch eine von wenigen, die das kann, und das möchte ich hier und jetzt mit dir ändern. Denk an meine Worte, dass es niemandem zusteht, über deinen Körper zu urteilen, denn: **Dein Körper ist deine Sache.**

Wenn jemand also so einen Kommentar über deinen Körper macht, dann nimm es dir nicht zu Herzen. Das Problem bist niemals du. Denn du bist gut, wie du bist, egal ob du zunimmst oder abnimmst oder so bleibst, wie du bist. Genau diese Sätze hörte ich an diesem Abend von meinem Freund, und sie taten so gut.

7 PROBLEMZONE: GESELLSCHAFT

Schönheitsideale hat es schon immer gegeben, und es wird sie auch immer geben egal, wie stark die Body-Positivity- und die Selbstliebe-Bewegungen noch werden. Das hat mehrere Gründe. Heute – und das wissen wir alle – wird eine Frau gefeiert und ihr Körper als attraktiv bewertet, wenn sie mindestens eine der beiden Bedingungen erfüllt:

1. Sie ist schlank oder ein wenig trainiert.
2. Sie hat Kurven an der richtigen Stelle.

Ich betone bewusst, dass eine Frau nur *ein wenig* trainiert sein darf, da zu viele Muskeln für die allermeisten Männer (und auch einige Frauen) schon zu männlich sind und deshalb oft als unattraktiv angesehen werden. Beim zweiten Punkt ist es so, dass eine Frau eine große und straffe Oberweite haben darf oder einen runden Po oder auch beides. Was nicht gerne gesehen wird, ist das, was ich jahrelang an mir selbst hasste: ein sichtbarer, runder, weicher Bauch. Wenn man schon nicht zierlich und schlank ist, dann muss wenigstens der Bauch flach sein.

Das Problem ist, dass weder das eine noch das andere Schönheitsideal die Vielfalt berücksichtigt. Vielfalt ist aber das, was uns als Gesellschaft ausmacht. Vielfalt ist das, was wir auf unseren Straßen sehen, nicht das, was uns jeden Tag auf Magazinen und Plakaten begegnet. Geh mal raus und spaziere bewusst eine belebte Straße entlang. Achte darauf, wie unterschiedlich die Menschen sind, die dir begegnen. Die allerwenigsten Frauen sind mit einer Sanduhr-Figur ausgestattet, wie auch viele Frauen trotz Sport und ausgewogener Ernährung einfach nicht schlank sein werden. Nicht jeder Mann ist so veranlagt, dass er sich einen muskulösen Körper mit definierten Muskeln erarbeiten kann. Muss er auch nicht.

Versteh mich nicht falsch, auch schlanke und sichtbar trainierte Menschen sind wunderbare und schöne Menschen, aber eben nicht nur sie. Menschen gibt es in so vielen Formen: Groß, klein, mit flachem Bauch, mit rundem Bauch, mit einer Wespentaille, mit einem Waschbrettbauch, mit einem großen und prallen Busen, mit einem großen und hängenden Busen, mit einem kleinen Hängebusen, mit einem spitz aufgerichteten kleinen Busen, mit einem kleinen flachen Busen, mit breiten, dünnen oder trainierten Armen, und auch die Beine und der Po kommen auf so viele unterschiedlichen Arten vor. Auch wenn die Fitness- und Schönheitsindustrie dir immer wieder erzählen möchte, wie du den Knack-Po bekommen kannst: Du darfst auch einen flachen Po haben oder einen großen, nicht so knackigen Po. Popos kommen in so unterschiedlichen Formen und Größen vor, mit oder ohne Cellulite, mit oder ohne

Wir müssen niemandem gefallen.

Dehnungsstreifen, mit oder ohne Pickel.

Schämen muss man sich für gar nichts von alldem. Wir müssen nämlich niemandem gefallen. Wenn du als Frau mehr auf den Hüften hast als die meisten Frauen, die du in der Werbung siehst, dann stell dir einfach mal vor, du wärst in einem anderen Zeitalter geboren. Vor ein paar hundert Jahren, im Zeitalter des Barocks, wärst du mit etwas mehr Rundungen das Symbol für Wohlstand und Reichtum gewesen und somit als attraktiv eingestuft worden. Viele Bilder dieser Zeit zeigen Frauen mit großer Oberweite, rundem Bauch und breiten Hüften.

Falls dir diese Zeitreise nicht gefällt, dann könntest du außerdem bedenken, dass du einfach in den falschen Breitengraden geboren bist. Denn sowohl in Afrika als auch in Lateinamerika gelten rundere Frauen heute noch als attraktiv, da auch sie Wohlstand symbolisieren. In diesen ärmeren Regionen bedeutet es, dass die Frau reichlich zu essen hat und im Gegensatz zur Mehrheit gut situiert ist. Vielleicht solltest du also einfach den Kontinent wechseln? Nein, ganz bestimmt nicht. Du bleibst da, wo du bist und ignorierst, was dir die Gesellschaft bezüglich Schönheit einredet. Du gehörst zur Vielfalt unserer Gesellschaft, und du bist toll, egal ob du nun schlank und klein, schlank und groß, dick und klein oder dick und groß bist. Du bist einfach du, und dich gibt es nur ein Mal auf dieser Welt und das ist wunderschön.

VERGLEICHEN MACHT UNGLÜCKLICH

Eben weil du einfach du bist und es eine Person wie dich nur ein Mal auf der Welt gibt, ergibt es gar keinen Sinn, sich zu vergleichen. Dennoch tun es die allermeisten von uns hin und wieder. Eines haben alle Vergleiche aber gemeinsam: Sie hinterlassen ein mulmiges, manchmal trauriges Gefühl, nicht gut genug zu sein. Das ist leider nicht nur beim Aussehen so.

Ist dir schon mal aufgefallen, dass man sich selten bis nie mit denen vergleicht, die vermeintlich weniger schön sind als man selbst? Man vergleicht sich nicht mit der Person, die kompakter gebaut ist, die man weniger hübsch findet als sich selbst, die mehr Pickel oder Cellulite oder ein kleineres Auto oder eine nicht so tolle Garderobe hat. Man vergleicht sich meist mit denen, bei denen wir das Gefühl haben, dass sie mehr haben oder besser sind als man selbst und deswegen fühlt man sich unvollkommen.

Gerade heute, wo wir neben Magazinen und Fernsehen noch viel Zeit in den sozialen Medien verbringen, fällt das Vergleichen leichter denn je. In den sozialen Medien haben wir viel zu oft die Möglichkeit, uns zu vergleichen. Wir nehmen das vielleicht gar nicht bewusst wahr, und doch ist es so. Jetzt, wo man auf Instagram, Facebook und Co. innerhalb einer Minute Hunderte von Bildern sehen kann, ist es kein Wunder, dass das Hirn es nicht mehr schafft, jede einzelne Information in echt und unecht (das heißt bearbeitet) einzuteilen.

Was danach passiert, ist absolut normal. Man fühlt sich irgendwo im Inneren, als würde etwas fehlen. Sogar mir geht es manchmal noch so, obwohl ich mir immer wieder sage, dass das, was ich sehe, nicht immer echt ist, niemand perfekt ist und ich gut bin, wie ich bin. Es gibt immer jemanden, der mehr reist, schönere Kleidung besitzt, schlanker ist, eine reinere Haut oder fantastischere Haare hat.

Die Liste könnte endlos lang sein, denn es gibt sie immer, die Mitmenschen, die wir als besser ansehen. Doch sind sie wirklich besser? Vielleicht vergleicht sich jemand anders gerade in diesem Moment mit dir, weil er dich schöner findet als sich selbst oder weil du ein Leben lebst, das er auch gern hätte. Vielleicht hat sich gerade die Person, mit der du dich vergleichst, auch schon mit dir verglichen. Du kannst es nicht wissen, aber vielleicht bist du, ausgerechnet du, manchmal jemand, der beneidet wird, wer weiß? Wir tendieren alle viel zu oft dazu, uns zu vergleichen. Manchmal tun wir das ganz unbewusst, ohne etwas zu merken, und doch kann es etwas in uns auslösen.

Vergleichen ist manchmal unumgänglich, es passiert einfach automatisch. Wichtig ist deshalb, dass man sich immer wieder bewusst macht, dass man gut ist, wie man ist, egal wie man aussieht, wie viel Geld man besitzt, welche Reisen man macht und wie oft man finanziell die Möglichkeit hat, sich neue Konsumgüter zu leisten. Man muss deswegen nicht stehen bleiben und aufhören, sich auch Dinge zu erarbeiten. Man darf träumen, man darf wünschen, und man sollte unbedingt auf Ziele hinarbeiten.

Hier kommt wieder eine Situation aus meinem Leben: Ich habe ganz lange Freundinnen für ihre Fernreisen beneidet, während ich jedes Jahr die üblichen drei Wochen am immer gleichen Ferienort verbracht habe. Nicht dass dieser Ort in

Italien nicht schön gewesen wäre, es war jedes Mal wunderbar, und doch war mein Wunsch, endlich die Welt zu bereisen, immens groß. So habe ich mir selbst das Ziel gesteckt, so viel Geld wie möglich zur Seite zu legen, denn mein Wunsch war: *Hauptsache, ich werde einmal mehr sehen als diesen einen Ferienort.* Ich habe nicht nur auf etwas hingearbeitet, ich habe währenddessen auch aufgehört, mich für mein Leben zu bemitleiden, und angefangen, das wertzuschätzen, was ich habe. Denn im Gegensatz zu anderen Menschen kann ich mir überhaupt Urlaub leisten. Das ist nicht selbstverständlich.

Dankbar zu sein für die Dinge, die man besitzt, ist so wichtig. Ich weiß, dass das, was ich bereits besitze, gut genug ist, so wie ich auch weiß, dass ich selbst gut genug bin und mich nicht ändern muss oder das Leben oder den Körper anderer anstreben muss, um etwas wert zu sein. Dass ich hin und wieder gerade auf Plattformen wie Instagram auf Menschen stoße, die mehr reisen als ich, und ich deshalb in Selbstmitleid verfalle – wenn auch nur für einen kurzen Moment – ist absolut normal. Wichtig ist, dass man sich immer wieder daran erinnert, dass man doch schon alles besitzt, um glücklich zu sein.

Glücklicher wird man aber nicht, wenn man sich mit anderen vergleicht, glaub mir. Oder hast du jemals gemerkt, dass du zufriedener als zuvor warst, nachdem du dich mit jemand anderem immer verglichen hast? Denk immer daran: Du bist geboren worden, um dein Leben auf deine Art und Weise zu leben, mit all seinen Höhen und Tiefen. Du bist nicht mit den gleichen Voraussetzungen auf die Welt gekommen wie andere. Deshalb sind deine Freunde in diesem oder jenem Punkt anders als du. Deshalb hast du nicht die gleiche Haarpracht, die gleiche Körperform, die gleichen Beine oder die gleichen finanziellen Mittel und Möglichkeiten wie jemand anders. Du bist einfach du, so wie deine Mama und dein Papa dich erschaffen haben. Du hast dein eigenes Leben, das du für dich so schön wie möglich gestalten kannst mit deinen Mitteln und deinen Voraussetzungen. Also denke das nächste Mal, wenn du merkst, dass du dich mit anderen vergleichst, daran, dass du gut bist, wie du bist, und nicht das Leben anderer brauchst, um glücklich zu sein.

Doch nicht nur Frauen neigen zum Vergleichen, denn der Druck auch auf Männer nimmt zu. Mir ist im Fitness-Studio schon oft aufgefallen, wie Menschen sich vergleichen und möglichst unauffällig andere Mitglieder beobachten. Frauen mustern immer wieder mal andere Frauen, um zu sehen, wie knackig der Popo oder wie flach der Bauch der anderen tatsächlich ist und welche Übungen sie absolvieren, um so einen Po oder eben so einen Bauch zu haben. Männer dagegen mustern sich gegenseitig an der breiten Spiegelfront, um abzuchecken, wie muskulös die „Konkurrenz" ist.

Dieses Vergleichen der Muskeln, vor allem bei Männern, führt oft dazu, dass sie das Gefühl entwickeln, nicht muskulös und damit nicht stark, nicht diszipliniert, nicht männlich, nicht gut genug zu sein, und dann teilweise beginnen, den Körper zu dopen. Während viele Frauen sich vor dem Dicksein fürchten und sich deswegen auch oft dicker einschätzen, als sie wirklich sind, leiden viele Männer unter Bigorexie, das heißt, dass sie sich im Spiegel nicht so breit beziehungsweise muskulös sehen, wie sie tatsächlich sind.

Niemand, nicht einmal ein Mann, ist vor der Verlockung des Sich-Vergleichens sicher. Es passiert automatisch. Sei dir einfach bewusst, dass beides nebeneinander existieren kann – du und die Person, mit der du dich vergleichst. Sie ist nicht du, und trotzdem seid ihr beide gut, jeder eben auf seine Art und Weise.

DIE EINZIGE PROBLEMZONE IST IN DEINEM KOPF

Musst du dich denn selbst lieben? Reicht es nicht aus, in den Spiegel zu schauen und einfach mal zu akzeptieren, was man sieht?

Weißt du noch, wie ich gesagt habe, dass die Gesellschaft sich immer wieder neue Trends einfallen lässt? Das war schon immer so und wird immer so sein. Manche Trends sind richtig doof, andere haben sogar einen positiven Effekt, auch wenn das eher wenige sind. Einen davon finde ich wirklich sinnvoll, nämlich den Trend zur Selbstliebe und zur Akzeptanz von Vielfalt. Mittlerweile gibt es viele Blogs und Zeitschriften, die über Selbstliebe sowie ein positives Körperbild berichten, und das freut mich persönlich sehr. Es ist eine tolle Entwicklung, und zu sehen, dass auch Unternehmen sich immer mehr für Vielfalt einsetzen, ist toll. Aber eben weil diese Bewegung bei vielen so gut ankommt, ist es möglich, dass einige Unternehmen das nur aus Marketing-Gründen tun und nicht, weil ihnen wirklich etwas daran liegt. Man muss hier vorsichtig sein, aber ein Umdenken findet definitiv gerade statt. In meinen Augen ist es viel mehr als ein Trend, nämlich eine Bewegung, die nur Gutes bezweckt und hoffentlich länger anhält, als es Trends normalerweise tun.

Dass nun die Frage aufkommt, ob man sich denn nun wirklich selbst *lieben* muss, ist normal. Denn Trends animieren viele Menschen zum Mitmachen. Ich weiß nicht, wie es bei dir ist, aber wann immer ich merke, dass sich da wieder etwas Neues anbahnt, was cool zu sein scheint, checke ich erst mal ab, ob das etwas für mich ist oder nicht. Und so habe mich schon vor längerer Zeit, noch bevor Blogs und Magazine den Trend zur Selbstliebe aufgegriffen haben, fest dazu entschlossen, es einfach zu wagen: Mich wirklich so anzunehmen, wie ich bin, ohne zu wissen, ob ich es jemals schaffen würde. Wenn man nämlich sein Leben lang das Gefühl hatte, an sich arbeiten zu müssen, dann ist es verständlich, dass man Mühe hat, seine ganzen Selbstzweifel vom einen Moment auf den anderen über Bord zu werfen.

Ich werde deshalb ganz oft gefragt, ob man sich denn nun wirklich selbst *lieben* muss, weil es vielen Menschen unheimlich schwerfällt oder sogar unmöglich erscheint, irgendwann das zu mögen, was sie im Spiegel sehen. Oder auch, ob es nicht auch schon ausreicht, wenn man anstatt Hass, Ekel, Unwohlsein oder Scham einfach nichts fühlt, wenn es einem einfach egal ist, wie man aussieht. Ich finde diese Gedanken gar nicht mal so abwegig. Ich denke, dass es ein erster Schritt ist, wenn man sich beim Betrachten seines Abbilds im Spiegel nicht schlecht fühlt. Wenn man es schafft, am Spiegel vorbeizulaufen und dabei einfach nichts zu fühlen, ist das ein guter Anfang. Außerdem kann dieser Prozess, Frieden mit dem Körper

> Frieden mit sich zu schließen, ist ein Prozess und kann sehr lang dauern.

und sich zu schließen, sehr lang dauern. Ich behaupte sogar, dass das tägliche Arbeit ist und niemals aufhört, denn uns werden oft Steine in den Weg gelegt.

Ich kann mich noch genau an die Zeit erinnern, als ich mir wünschte, alle Spiegel verschwinden lassen zu können. Ich lief in meinen schlimmsten Zeiten manchmal – ich übertreibe nicht! – am Tag dreißig Mal oder öfter am Spiegel vorbei, um zu schauen, ob sich an meinem Bauch etwas verändert hat. Ich überprüfte meine Erscheinung wirklich nach jedem Schluck Wasser, nach jedem Bissen Essen, immer, wenn ich auf der Toilette war und auch sonst, wenn ich an einem Spiegel oder einem Schaufenster vorbeilief, immer in der Hoffnung, dass mein Bauch kleiner geworden ist. Ich war jedes Mal total enttäuscht. Hochgerechnet waren das verschwendete zwei Minuten am Tag.

So wie mir damals geht es heute vielen Menschen. Ich habe im Rahmen dieses Buchprojekts eine Online-Umfrage durchgeführt und meine Leser gefragt, ob sie mit ihrem Körper zufrieden sind. Insgesamt haben über 3.500 Menschen, Frauen und Männer, mitgemacht. Von über 3.500 Befragten haben lediglich 3 %, also 115 Teilnehmer, angegeben, immer zufrieden mit ihrem Körper zu sein. Gut 68 % haben angegeben, dass es auf den Tag ankommt oder abhängig von der Situation ist, ob sie sich im eigenen Körper wohlfühlen, und ganze 29 %, also knapp 1.000 Menschen, haben die Frage „Bist du zufrieden mit deinem Körper?" mit einem klaren Nein beantwortet. Ich denke, dass dich das genauso wenig erstaunt wie mich. Als Antwort auf die Frage, was sie denn gerne ändern würden, wenn sie es könnten, ist eine endlos lange Liste entstanden. Ebenfalls nicht erstaunlich ist, dass von 3.500 Menschen über 2.000 angegeben haben, sich zu dick zu finden und sich einen flacheren Bauch zu wünschen. Diese Zahlen spiegeln das Denken unserer Gesellschaft wider. Hier siehst du nur 20 Beispielantworten, vielleicht findest du etwas, was du auch selbst angegeben hättest?

Ich wäre gern knackiger.
Ich hätte gern längere Beine.
Ich habe zu breite Hüften und Oberschenkel.
Ich hätte gerne mehr Muskeln.
Ich wäre gern etwas straffer.
Mein Bauch ist zu dick.
Mein Körper ist nicht proportional.
Meine Brüste sind zu klein.
Meine Brüste sind zu schlaff.
Meine Nase ist zu groß.
Ich bin zu klein.
Ich bin zu dick.
Ich hätte gern weniger Hautunreinheiten.
Meine X-Beine nerven mich.
Meine Füße sind zu groß.
Ich habe eine ausgeprägte Körperbehaarung.
Ich hätte gern weniger Cellulite.

Meine Hände gefallen mir nicht.
Mein Gesicht ist nicht symmetrisch.
Ich hätte gern schönere Haut.

Wir sehen Makel, die eigentlich gar keine Makel sind. Wir reden von Problemzonen, die eigentlich keine Problemzonen sind. Wenn eine *zu* große Nase Atembeschwerden bereitet, dann ist das ein echtes Problem. Das einzige Problem dagegen, das kurze Beine bereiten könnten, ist der Hosenkauf. Ich wüsste nicht, wieso man unbedingt längere Beine brauchen sollte. Und was ist so schlimm daran, weich zu sein? Ich mag meinen Bauch mittlerweile so weich, wie er ist. Eine Begründung brauche ich nicht, denn warum sollte ich ihn nicht mögen? Weil er nicht den gesellschaftlichen Normen entspricht? Weil ich ständig auf ihn angesprochen werde? Weil andere Menschen denken, ich sei dick? Ich sah meinen Bauch früher immer als Problemzone. Ich dachte, ich müsste ihn verändern. Ich war überzeugt davon, dass er so, wie er war, nicht gut genug ist. Heute frage ich mich, wieso ich so gedacht habe. Haben wir wirklich Problemzonen? Haben wir wirklich Makel? Wer hat diese erfunden? Wie kommen wir darauf, dass wir Problemzonen und Makel haben? Wieso schauen wir in den Spiegel und glauben, einen Körper voller Makel zu sehen? Wieso gibst du dir die Schuld für die Makel, die du an dir siehst?

> Wir sehen Makel, die eigentlich gar keine Makel sind. Wir reden von Problemzonen, die eigentlich keine Problemzonen sind.

MAKEL GIBT ES EIGENTLICH GAR NICHT

Was, wenn du eigentlich gar keine Makel hast? Was, wenn Makel nur erfunden wurden, um damit Geld zu verdienen?

Wenn du an Makel denkst – vielleicht auch an deine Makel – was kommt dir da in den Sinn? Den meisten wird so einiges durch den Kopf gehen, weil wir leider darin geübt sind, möglichst viel an uns herumzunörgeln. Ich habe bereits als Kind meinen Bauch nicht gemocht. Ich sah ihn als riesigen Störfaktor, als etwas, das unbedingt weg muss. Kein Wunder, denn mir wurde von klein auf immer wieder gesagt, ich solle ihn einziehen, ich soll gerade stehen, damit er nicht so zur Geltung kommt. Du weißt ja: Brust raus, Bauch rein. Vor allem dann, wenn ich auf Fotos zu sehen war.

Natürlich war das niemals böse gemeint, und trotzdem hat es mich geprägt, denn um diesen Bauch zu akzeptieren, brauchte ich eine Ewigkeit. Erst später, nach meinem tiefsten Punkt in der Essstörung, mit 22 Jahren, habe ich mich gefragt, was an meinem Bauch denn so schlimm sein soll.

Denn in der Schule wurde ich von meinen Mitschülern gehänselt und als dick beschimpft, sowohl in der Oberstufe als auch später, als ich die Matura machte, mit 18 Jahren. Ich weiß noch, wie eine Erwachsene, die ich sehr mag und mit der ich aufgewachsen bin, mal zu mir sagte: „Morena, mach dir keine Sorgen, alles, was sich da unten" (sie zeigte auf meinen Bauch) „angesammelt hat, wird irgendwann hochrutschen." (und zeigte auf meinen winzig kleinen Busen). Ich war 12, und sie meinte damit, dass sich das Fett, das sich unterhalb meiner Brust an meinem Bauch befand, irgendwann, wenn ich mich zur Frau entwickle (ihre Worte), verschwinden und ich dafür dann große Brüste haben würde. Ich bin mittlerweile doppelt so alt wie damals, und siehe da: Nichts hat sich getan. Der Bauch ist immer noch da, und meine Brüste sind immer noch klein.

Genauso wie mein Bauch waren auch meine Brüste immer ein wunder Punkt, wenn es um meinen Körper ging. Ich schämte mich so sehr, kleine Brüste zu haben, dass ich irgendwann sogar darüber nachdachte, sie vergrößern zu lassen. Ich fühlte mich einfach falsch proportioniert und vor allem nicht weiblich genug.

Doch wer definiert Weiblichkeit? Wer sagt, dass nur Frauen mit einer stattlichen Oberweite richtige Frauen sind? Unproportioniert fühlte ich mich lange, weil ich diese Sanduhr-Figur Kopf hatte, die für mich Sinnbild von Weiblichkeit war. Ich bin heute froh, dass ich mir die Idee einer Brustvergrößerung wieder aus dem Kopf geschlagen habe. Ich habe nichts gegen Schönheitsoperationen oder Menschen, die sich operieren lassen. Ich finde es einfach wahnsinnig schade, dass man sich unters Messer legt, weil man im Grunde doch einfach gut ist, wie man ist. In meinen Augen gibt es keinen Grund, wieso man etwas an sich operieren lassen sollte, nur damit man sich im Nachhinein schöner fühlt.

Aus irgendeinem Grund bin ich mit kleineren Brüsten als meine Freundinnen ausgestattet. Wieso muss ich mich deshalb minderwertig fühlen? Sind Brüste und Bauch wirklich Problemzonen? Liegt die Problemzone nicht ganz woanders, und zwar in der Gesellschaft? Du bist nämlich so, wie du bist, gut genug. Ich glaube nicht mehr an Makel und habe deshalb

Ich glaube nicht mehr an Makel.

Mühe, meinen Bauch, meine Brüste, Pickel, Dehnungsstreifen, Cellulite und all die Dinge, die Menschen als Makel bezeichnen, selbst so zu bezeichnen. Wenn wir von Makeln reden, heißt das doch, dass es etwas gibt, was vollkommen ist, denn vollkommen bedeutet makellos. Doch was oder wer ist vollkommen? Wer oder was ist „makellos"?

Was, wenn es Makel eigentlich gar nicht gibt? Da wir alle unterschiedlich auf die Welt gekommen sind, wieso sollte dann einer von uns unvollkommen sein? Makel sind eine Erfindung der Gesellschaft, um Geld zu verdienen. Überall kannst du lesen, wie du es schaffst, deine Makel zu „beseitigen". Aber wie ich bereits betont habe, machen das die Unternehmen nicht, weil sie wollen, dass es dir gut geht. Sie machen es, weil sie wissen, dass wir Menschen voller Unsi-

Denkst du vielleicht, dass du keine Cellulite haben dürftest, weil du nirgendwo Frauen mit Cellulite siehst?

cherheiten und deshalb gut steuerbar sind. Wir sind ihre Profitquelle, und sie wissen, wie sie am besten damit umgehen. Wenn du jetzt sagst: „Aber meine Cellulite ist wirklich nicht schön anzusehen, Geld hin oder her, ich selbst sehe sie nicht gerne.", frage ich dich: Könnte es sein, dass du denkst, du dürftest keine Cellulite haben, weil du nirgendwo Frauen mit Cellulite siehst?

Fakt ist: Egal, wo uns in den Medien Bilder von weiblichen Körpern begegnen, sie sind bearbeitet, denn die meisten Frauen (und auch einige Männer) haben Cellulite, sogar die in den Magazinen. Du siehst es nur nicht. Deshalb denkst du, dass du wegen eines bestimmten vermeintlichen Makels nicht normal bist, da alle anderen Frauen, die dir in der Werbung begegnen, nicht aussehen wie du. Das gleiche können wir über etliche andere *Makel* sagen. Uns werden immer wieder die gleichen Schönheitsideale gezeigt, sodass wir das Gefühl haben, nicht vollkommen zu sein, wenn wir ihnen nicht entsprechen. Nicht einmal die Models sehen in der Realität so aus, wie sie in Magazinen oder auf Plakaten zu sehen sind. Wenn also auch du nun einsiehst, dass es Makel eigentlich gar nicht gibt, dann ist es viel einfacher, deinen Körper, so wie er ist, zu akzeptieren. Ich weiß nicht, wie es dir geht, aber ich habe keine Lust mehr, mich zu verbiegen und meinen natürlichen Körper zu bekämpfen, nur um einer fiktiven Norm zu entsprechen.

ICH HABE KEINE LUST AUF IDEALE

Ich habe mich dieses Jahr zwei Dinge getraut, die ich früher niemals gewagt hätte und die mich unabhängiger und deshalb stärker gemacht haben. Und zwar unabhängig von Schönheitsidealen und somit unabhängig von der Meinung anderer. Zufälligerweise hat beides mit Haaren zu tun. Vorher muss ich aber etwas ausholen.

Meine Mama und ihre Schwester, meine Tante, haben sich gegenseitig in ihrer Kindheit versprochen, wenn sie mal Töchter haben, müssen die lange Haare haben. Sie hatten keine

Puppen zum Spielen und bestaunten bei ihren Freundinnen die Puppen, die alle so schöne lange Haare hatten. Beide haben ihre Versprechen gehalten. Denn tatsächlich bekam meine Mama eine Tochter – mich – und meine Tante bekam sogar zwei. Wir alle hatten während unserer Kindheit und Jugend lange Haare, vor allem meine jüngste Cousine. Sie hatte die längsten von allen und wurde auch immer darauf angesprochen. Oft blieben die Blicke der anderen an ihren Haaren hängen, weil sie wirklich eine wunderschöne Haarpracht besaß, die bis zum Po reichte. Ich selbst fand sie wunderschön, wollte aber nie an ihrer Stelle sein. Denn sowohl meine Cousinen als auch ich kämpften jahrelang darum, unsere Haare abschneiden zu dürfen, lange erfolglos.

Doch eines Abends war es so weit. Ich weiß noch, als meine Mama sich eines Abends plötzlich dazu entschloss, meine Spitzen selbst zu schneiden. Sie machte eine falsche Bewegung, und der Fehler, den sie dann ausbessern musste, machte meine Mama sehr traurig, denn die Haare waren danach viel kürzer, als sie es geplant hatte. Ich hingegen war überglücklich, denn endlich hatte ich diese kurzen Haare, die ich mir immer gewünscht hatte. Und gefallen hat es mir auch. Doch natürlich musste ich sie wieder wachsen lassen und kämpfte weitere Jahre, um wenigstens nur schulterlange Haare haben zu dürfen. Irgendwann, Jahre später, durfte ich sie dann endlich schneiden, doch irgendwie gefiel ich mir nie so richtig. Ich hatte über die Jahre diverse Schnitte und Farben ausprobiert, um irgendwann zu dem Entschluss zu kommen, dass mir lange Haare an mir viel besser gefielen. Und so hatte ich in den letzten Jahren lange, gewellte und voluminöse Haare, von denen immer wieder alle Menschen um mich herum schwärmten. Ich war bis vor Kurzem auch total stolz darauf, und um ehrlich zu sein: Ich genoss es, Komplimente dafür zu erhalten.

Erst im Nachhinein ist mir bewusst geworden, wie sehr ich meine Schönheit von den langen Haaren abhängig machte. Ich fand mein Gesicht lange nicht wirklich hübsch, hatte immer das Gefühl, dass andere einfach viel schöner waren als ich. Aber ich wusste nie, was dieses eine Ding war, was mir fehlte, um mich so richtig schön zu fühlen. So war ich lange, sehr lange, davon überzeugt, dass die langen Haare dieses Etwas waren. Mir wäre also nie in den Sinn gekommen, meine Haare irgendwann wieder kürzer zu tragen. Und doch habe ich es gewagt und sie in einem ersten Schritt schulterlang und dann nach ein paar Wochen zu einem Bob schneiden lassen. Ich wollte mich einfach noch ein Stück unabhängiger von Idealen und Normen machen.

Doch ich fühlte mich anfangs überhaupt nicht wohl. Das erste, was mir ehrlicherweise durch den Kopf ging, war: „Du musst sie unbedingt wieder wachsen lassen, wenn du schön sein möchtest. Die langen Haare haben dich viel schöner aussehen lassen." Aber gleich zwei Sekunden später habe ich diese Gedanken gestoppt, denn ich merkte, dass ich mich schon wieder von den Normen der Gesellschaft unter Druck setzen ließ. Doch ich habe es nicht zugelassen. Denn eine Frau muss nicht lange Haare haben, um schön und weiblich zu sein.

Eine Frau muss nicht lange Haare haben, um schön und weiblich zu sein.

Als ich mich aus der Essstörung kämpfte, musste ich lernen, mich von figurbezogenen Schönheitsidealen zu verabschieden und damit auch zu akzeptieren, dass mein Körper nicht schlank sein muss und dass auch mein Bauch okay ist, wie er ist. Schönheitsideale gehen aber weit über die Idealvorstellungen bezüglich des Körpers hinaus. Es geht ganz allgemein darum, wie ein *idealer* Mensch aussehen soll. Da geht es unter anderem auch um Pickel, Dehnungsstreifen, krumme Beine, Cellulite, spröde Haare, um krumme Zähne, große Nasen, große Zehen, behaarte Beine und Achseln und viele weitere Merkmale, die man als Makel sehen könnte.

Wenn ich andere Frauen jetzt fragen würde, ob sie sich vorstellen könnten, mit behaarten Beinen herumzulaufen und gerade im Sommer auch in Kleidern oder Röcken ihr haariges Bein zu zeigen, bin ich mir sicher, dass die meisten mit einem klaren Nein antworten würden. Wieso haben die allermeisten Frauen Mühe allein mit dem Gedanken, sich nicht mehr zu rasieren? Ich bin mir sicher, dass es um weit mehr geht als dass man fürchtet, ausgelacht oder seltsam angeschaut zu werden. Es geht nicht nur darum, was andere von einem denken. Ich glaube, dass die meisten Frauen selbst behaupten würden, dass sie behaarte Beine weder an sich noch an anderen schön finden.

Ich muss ehrlich gestehen, dass auch ich Mühe mit dem Anblick von behaarten Beinen hatte, vor allem bei mir selbst. Deshalb habe ich bereits früh angefangen, meine Beine zu rasieren. Meine Mama nennt mich liebevoll „Äffchen", weil mein Haarwuchs auch nach vielen Behandlungen und Methoden immer noch relativ stark ist. Deshalb habe ich schmerzvolle und teure Methoden ausprobiert. So habe ich vor ein paar Jahren angefangen, meine Beine Laserbehandlungen zu unterziehen. Da ich damals aber schon im April das erste Mal an der Sonne war, war meine Haut seit dem Frühling gebräunt, sodass ich meine Beine dann nicht mehr mit dem Laser behandeln lassen konnte. Andernfalls hätte ich mich böse verbrannt. Doch die Haare an meinen Beinen wurden, da ich pausieren musste, immer länger, und irgendwie fühlte ich mich in die Ecke gedrängt, denn die Temperaturen stiegen, und ich wollte nicht den ganzen Frühling und Sommer über meine Beine in langen Hosen verstecken.

> Jeder Mensch darf selbst entscheiden, was er oder sie mit dem Körper macht.

Rasieren war keine Option, denn dann wäre der Haarwuchs noch stärker geworden, und das ganze Geld, das ich ausgegeben hatte, wäre aus dem Fenster geworfen. Nach langen Überlegungen habe ich mich dazu entschieden, meine Beine einfach so zu lassen, wie sie sind und mich so nach draußen zu wagen. Ich habe Kleider und Röcke getragen, obwohl ich anfangs total Angst vor den Reaktionen hatte. Ich fühlte mich auch oft beobachtet, aber der Wille, unabhängig zu sein, weckte den Mut in mir. Zu meinem Erstaunen gab es aber kaum Reaktionen, und wenn, dann nur von Menschen, die ich kannte. Natürlich war es auch für sie ungewohnt, denn welche Frau hat schon behaarte Beine? Allen, die mich darauf ansprachen, entgegnete ich: „Meine Beine müssen dir nicht gefallen. Ich kann die Behaarung momentan nicht entfernen. Und weißt du was? Mir ist es egal. Es ist mein Körper, und ich habe einfach keine Lust mehr, mich von irgendwelchen Idealen unter Druck setzen zu lassen. Wenn's jemanden stört, soll er nicht hinsehen. „Bloß weil die Gesellschaft meint, dass Behaarung nur bei Männern erlaubt ist, heißt das nicht, dass Frauen viel Geld und Mühe investieren müssen, um haarlos zu sein. Jeder Mensch darf selbst entscheiden, was er oder sie mit dem Körper macht. Wenn du also etwas, was als Makel betrachtet wird, nicht schön findest, frage dich, woher diese Gedanken kommen.

GESCHLECHTSSPEZIFISCHE IDEALE

Wie muss ein Mann deiner Meinung nach aussehen? Muss er Muskeln haben? Ist er dann mehr Mann, oder spielt es für dich keine Rolle? Ist eine Frau nur weiblich, wenn sie große Brüste und einen ausladenden, knackigen Po hat? Was bedeutet Weiblichkeit für dich?

„Ich darf auf keinen Fall mehr wiegen als mein Freund. Wieso bin ich nur so viel breiter als er? Was kann ich bloß machen, um so schlank zu sein wie er? Es ist nicht fair, dass er so viel essen kann, ohne ein Gramm zuzunehmen, und ich nicht!" Das waren Gedanken, die mich jedes Mal heimsuchten, wenn ich ein Foto von mir und meinem Freund anschaute, egal ob wir auf dem Foto saßen, standen oder uns umarmten. Klar wusste ich, dass ich breiter gebaut bin als er, doch es störte mich so lange nicht, bis ich das erste Ganzkörper-Foto von uns sah. Noch lange, bevor ich dem Fitnesswahn verfiel und eine Essstörung entwickelte, machte mich die Tatsache fertig, dass ich erstens viel mehr auf den Rippen hatte als er und dass ich zweitens niemals so viel essen könnte wie er, ohne dabei zuzunehmen.

Ich habe ihn lange – vor allem während der Essstörung – richtig beneidet, denn während er alles Mögliche aß und kein Gramm zunahm, versuchte ich, alles zu tun, um nicht zuzunehmen. So schaute ich jedes Mal verstohlen auf seine Mahlzeiten und Snacks, die er unabhängig von Uhrzeiten und davon, was er an diesem Tag schon alles gegessen hatte, zu sich nahm. Vor allem abends oder an einem Sonntag vor dem TV war die Lust, mit ihm gemeinsam Chips und Co. zu essen, echt groß, aber das schlechte Gewissen, das sich allein bei diesem Gedanken einschaltete, machte mir jedes Mal einen Strich durch die Rechnung: „Schatz, möchtest du auch ein bisschen? Ich sehe doch, dass du Lust drauf hast. Komm, nimm auch ein bisschen davon." Irgendwo in meinem Hinterkopf hatte sich der Gedanke eingebrannt, dass Frauen nicht so viel Raum einnehmen dürfen auf dieser Welt wie Männer. Also *durfte* ich nicht breiter sein als mein Freund: „Nein Schatz, ist schon okay. Iss du nur und genieß es für mich mit."

Leider bin ich nicht allein mit diesem Gedanken, denn ich höre immer wieder von Frauen, die darunter leiden, nicht so schlank zu sein wie ihre Partner, und von anderen, die sich darüber beschweren, dass ihr Partner viel essen kann, ohne ein Gramm zuzunehmen, und sie nicht: „Er kann essen, was er will, und ich nehme schon zu, wenn ich Essen nur anschaue!" Viele (nicht alle) Männer haben einen ganz anderen Stoffwech-

> Irgendwo in meinem Hinterkopf hatte sich der Gedanke eingebrannt, dass Frauen nicht so viel Raum einnehmen dürfen auf dieser Welt wie Männer.

sel als viele (nicht alle) Frauen und die meisten auch einen komplett anderen Körperbau, denn sie müssen keine Kinder gebären im Gegensatz zu uns Frauen, weshalb wir schon mal breitere Hüften haben als Männer. Vergleichen ergibt also auch hier überhaupt keinen Sinn. Ironischerweise war es nicht so, dass mein Freund sich darüber freute, dass ich breiter war als er, wobei er meine Kurven total mochte und nach so vielen Jahren immer noch mag. Denn er selbst hatte lange damit zu kämpfen, so schmal gebaut zu sein, und wäre gern breiter und muskulöser gewesen. Auch er, zur Hälfte Italiener, bekam oft zu hören, dass er nicht genügend esse und zu dünn sei. Das war vielleicht nicht böse gemeint, aber doch verletzend und setzte ihn unter Druck.

Ich weiß nicht, wieso die Gesellschaft uns das Gefühl gibt, dass Frauen kleiner, zierlicher, weniger muskulös, dünner, zerbrechlicher und graziler sein müssen als ihre Partner. Denn während eine Frau, zumindest nach westlichen Schönheitsidealen, möglichst wenig Platz mit ihrem Körper auf dieser Erde einnehmen darf, soll der Mann mit seinem Körper möglichst viel Raum für sich beanspruchen (mit seinen Muskeln, denn Fett ist auch beim Mann nicht erwünscht), und so fallen sowohl sehr viele Frauen als auch sehr viele Männer aus der „Norm". Da muss man sich auch nicht wundern, dass die Zahl von psychischen Proble-

> Während eine Frau möglichst wenig Raum mit ihrem Körper auf dieser Erde einnehmen darf, soll der Mann mit seinem Körper möglichst viel Raum für sich beanspruchen.

men und Essstörungen nicht nur bei Frauen, sondern auch bei Männern stetig steigt. Denn das Selbstwertgefühl wird bröckeln, wenn man versucht, allen Erwartungen zu entsprechen und man so das Gefühl hat, ihnen trotz aller Mühe nicht gerecht werden zu können. Ich bin mir sicher, dass es mit den Idealbildern und den Botschaften aus der Werbung zusammenhängt, die uns immer und überall begegnen: Der Mann groß, stark und muskulös, und die Frau idealerweise ebenfalls groß (aber nicht größer als der Mann!), jedoch schlank und grazil.

Solche geschlechtsspezifischen Normen sollten wir unbedingt infrage stellen, denn sie setzen uns nicht nur unter Druck, sie sind auch absolut unnötig. Eine Frau *muss* weder Kurven haben noch schlanker sein als ihr Freund, Verlobter, Mann oder was auch immer. Warum auch? Eine Frau muss auch nicht von einem starken Helden gerettet werden, der muskulös und groß daherkommt. Frauen sind selbst bereits stark genug. Ein Mann darf ebenfalls zierlich sein und Gefühle zeigen. Ein Mann darf auch ein Bäuchlein haben und auf Idealbilder pfeifen. Er muss keine sichtbaren Muskeln haben, um etwas wert zu sein. Denn wahre Liebe kennt keine Idealbilder. Die wahre Liebe weiß, dass der Partner mehr ist als seine Hülle.

IST FETT DAS SCHLIMMSTE, WAS EIN MENSCH SEIN KANN?

Wenn dir jemand sagen würde, dass du fett bist, wie würdest du dich fühlen? Wäre es dir egal, oder würde es dich runterziehen?

„Fett" als Adjektiv, aber auch als Nomen assoziieren wir immer mit negativen Empfindungen. Niemand möchte fett sein oder allzu viel Fett an sich haben. Wenn man jemandem sagt: „Du bist fett!", wird das als Beleidigung gesehen. Fett hört sich negativ an, irgendwie auch gemein. Dabei ist Fett als Nomen eine Substanz, die sowohl im Körper vorkommt, und zwar in nicht geringen Mengen, als auch in der Küche gebraucht wird, um zu kochen und zu backen. Als Adjektiv ist es einfach ein beschreibendes Wort, das zu Unrecht von vielen als schlecht gewertet wird.

Wenn ich jetzt sage, dass ich so einige Menschen kenne, die fett und trotzdem schön und glücklich sind und zudem gesund leben, dann hat dieser Satz trotzdem einen negativen Touch, auch wenn ich in demselben Satz drei positive Adjektive verwendet habe. Wenn ich jetzt fett durch dick ersetzen würde, wäre der gleiche Satz zwar immer noch eher negativ, aber schon eher annehmbar. Denn dick ist die verschönerte Version von fett. Wir benutzen, um nicht fett zu sagen, viele Synonyme: dick, kurvig, gut gebaut, üppig, korpulent, rundlich, vollschlank, massig, pummelig, kräftig, gut genährt usw. Hauptsache, man kann das Wort „fett" irgendwie umgehen. Wer

Fett ist heute ein Schimpfwort.

jedoch kein Problem hat, Menschen zu beleidigen (und von denen gibt es viele), sagt gerne einmal „Du bist fett!" mit der Absicht, den anderen damit zu verletzen, weil man weiß, dass niemand fett sein oder so bezeichnet werden möchte.

Tatsächlich gibt es aufgrund der Anonymität des Internets viele Menschen, die mir unter meinen Bildern immer wieder sagen, dass ich fett sei oder auch auf Englisch „You're fat". Ob es mich runterzieht? Nicht mehr. Ich muss allerdings sagen, dass es nicht einfach war, die Kommentare auszuhalten, während ich nach und nach mein Profil umgestaltete. Ich war natürlich nicht mehr so schlank und trainiert, wie es meine Leser und Follower gewohnt waren. Viele folgten mir, gerade weil ich sie zu Fitness und gesunder Ernährung motivierte.

Als ich meine ersten Bilder hochgeladen habe, auf denen ich mir in meinen Speckbauch kniff oder auf denen man Röllchen sah, kamen natürlich die ersten Kommentare, die ich damals sehr persönlich nahm. Ich wollte nicht als fett bezeichnet werden, weil ich mit diesem Wort einfach zu viel Negatives verband. Nicht nur dass ich gemobbt wurde, sondern es litten oder leiden immer noch auch andere Menschen, die mir viel bedeuten, darunter, fett zu sein. Dann bin ich aber im Rahmen der Body-Positivity-Bewegung auf Profile von Menschen gestoßen, die alle um einiges dicker sind als ich und mit diesem Wort etwas gemacht haben, was wir alle tun sollten: neutralisieren und für sich beanspruchen im Sinne von „Ja, ich bin fett. Und jetzt?"

„Fett" ist nur ein Adjektiv.

Sehr wahrscheinlich verstoßen die folgenden Dinge, die du nun lesen wirst, gegen alle deine Prinzipien und deine Überzeugung, die du dir all die Jahre tief in deinem Kopf aufbewahrt hast, weil auch du der Meinung bist, dass „fett" ein böses, beleidigendes Wort ist und niemand, auch du nicht, fett sein will. Aber fett ist einfach nur ein beschreibendes Wort wie blond, hübsch, muskulös, schlank, braun usw. Es beschreibt lediglich, wie jemand aussieht, nicht mehr, nicht weniger. Wieso wiegt es aber so viel schwerer, wenn man zu hören bekommt, dass man fett ist, als wenn einem gesagt wird, dass man blond ist? Weil wir in einer Gesellschaft leben, die Fett verteufelt, die Angst vor Fett hat und deshalb alles tut, um es loszuwerden.

Hier möchte ich die bekannte Buchautorin J. K. Rowling zitieren: „Ist fett wirklich das Schlimmste, was ein Mensch sein kann? Ist fett schlimmer als rachsüchtig, neidisch, oberflächlich, langweilig oder grausam? Nicht für mich." Das hat richtig bei mir eingeschlagen als ich es zum ersten Mal las. Nur weil wir in einer Gesellschaft leben, die uns sagt, dass es schlimm ist, fett zu sein, heißt das nicht, dass es wirklich so ist. Denk immer daran, dass genau diese Gesellschaft auch die ist, die einen Haufen Geld mit diesem Wort verdient. Wir sollen Fett als etwas Schlimmes sehen, damit wir weiterhin Programme kaufen, Diäten machen und viel Geld für Produkte ausgeben, die unseren Körperfettanteil reduzieren.

> Ist fett wirklich das Schlimmste, was ein Mensch sein kann? Ist fett schlimmer als rachsüchtig, neidisch, oberflächlich, langweilig oder grausam?

Doch wir sind alle unterschiedlich, weshalb es völlig normal ist, dass manche Menschen mehr Fett haben als andere. Das Wort, vor dem wir so Angst haben, ist einfach eine Zelle, die in millionenfacher Ausführung in unserem Körper vorkommt. Vielleicht denkst du jetzt „Okay, dann gibt es eben Menschen, die fett sind. Ich möchte aber nicht dazugehören!" Wieso nicht? Eben weil es negativ assoziiert wird und du nicht beleidigt, schief angeschaut oder diskriminiert werden möchtest, was absolut verständlich ist. Aber manche Menschen können von Natur aus einfach nicht schlank sein. Vielleicht bist du einer von ihnen?

Das Wort, vor dem wir solche Angst haben, ist einfach eine Zelle, die in millionenfacher Ausführung in unserem Körper vorkommt.

Ich hatte auch meinen Kampf, auch ich wollte nicht akzeptieren, dass ich breitere Hüften, ein Bäuchlein und breitere Arme habe als viele meiner schmaleren Freunde. Aber was bringt es mir, wenn ich ein Leben lang gegen mich selbst kämpfe, nur um mich anzupassen, zu gefallen und ja nicht beleidigt oder diskriminiert zu werden? Ich weiß, dass die Angst berechtigt ist, niemand möchte so behandelt werden. Aber denke erstens immer an deinen Selbstliebe-Rebell, der dir sagen wird, dass du gut genug bist, egal wie du aussiehst, und zweitens an alle Menschen, die von Natur aus nicht schlank sind und schon lange darauf hoffen, dass die Welt endlich toleranter wird.

Lass deinen Körper darüber entscheiden, wie du aussiehst. Du musst auf deinen Körper hören und ihm eben die Ernährung geben, die er braucht, und dich so bewegen, wie es für dich stimmt. Dann wird der Körper alles andere schon regeln. Du musst diese Angst vor Fett angehen. Du brauchst im Namen der Gesundheit kein Geld für Programme und Diäten auszugeben, sondern lediglich auf deinen Körper hören.

Die Gesundheit ist leider ständig ein Argument, das auftaucht, wenn dicke Menschen vor allem in sozialen Netzwerken, aber auch im Offline-Leben zeigen, dass sie sich trotz reichlich Fett am Körper selbst lieben. Selbst ich darf mir, obwohl ich irgendetwas zwischen Größe 36 und 38 trage, immer wieder anhören, ich sei fettleibig. Manchmal wird mir sogar vorgeworfen, dass ich Fettleibigkeit zelebriere und fördere, wenn ich sage, dass auch dicke Menschen ein Recht haben, glücklich zu sein und respektiert zu werden. Ich frage mich dann immer, wie man das in Frage stellen kann? Wieso sollten diese Menschen kein Anrecht auf Glück haben? Manche Menschen sehen das dann zwar ein, meinen aber trotzdem, dass dicke Menschen der Grund seien, wieso unsere Gesundheitskosten explodieren. Zahlreiche Studien würden belegen, dass Dicksein nur Nachteile bringt und man auch früher stirbt, und auch sonst gebe es noch viele weitere Argumente, die gegen das Dicksein sprechen.

> **Dicke und fette Menschen haben das gleiche Recht darauf, glücklich zu sein, wie jeder andere auch.**

Ich weiß, dass wir daran gewöhnt sind, Zahlen und Fakten aus Studien heranzuziehen, um uns zu vergewissern, dass etwas so ist, wie es ist. Aber ich weigere mich hier bewusst, Studien zu zitieren, da ich mich selbst sehr lange habe negativ beeinflussen lassen, denn jede Studie sagt etwas anderes. Es gibt Studien, die zeigen, dass es von Nachteil sei, dick zu sein, so wie es auch Studien gibt, die beweisen, dass es kein Weltuntergang ist, wenn man dick ist, und dass ein höherer Körperfettanteil gar nicht so schlimm ist, wie wir bis dahin immer gemeint haben. Es gibt hier viele Widersprüche.

Anstatt uns darauf zu konzentrieren, was Studien sagen, könnten wir einfach versuchen, unser Leben so zu leben, wie wir es für richtig halten. Sterben müssen wir alle sowieso irgendwann, deshalb wäre es doch sinnvoll, dass wir unser Leben so gestalten, dass wir irgendwann sagen können, wir hätten

> Lass uns darauf konzentrieren, unser Leben so zu leben, wie wir es für richtig halten.

wirklich gelebt mit allem Drum und Dran, aber auch, dass wir andere nicht ausgegrenzt haben, weil sie nicht so aussehen, wie wir es uns vorstellen. Deshalb verstehe ich die ganzen Moralapostel nicht, die Fett verteufeln. „Dicke Menschen haben eine viel geringere Lebenserwartung. Du wirst dich in deinen eigenen Tod essen!" So etwas bekommen dicke Menschen gerade auf Instagram und Facebook ständig zu hören. Wenn ich das lese, dann kann ich nur den Kopf schütteln, denn diese Menschen behaupten auch, dass dicke Menschen schuld daran sind, dass wir immer mehr Kosten im Gesundheitssektor haben.

Es ist nicht zu leugnen, dass Krankheiten, die oftmals durch einen ungesunden Lebensstil verursacht werden, zunehmen, dazu zählt aber nicht nur die Ernährung und der Mangel an Bewegung, sondern auch der Alkohol- und Tabakkonsum sowie der Stress. Denn auch Stress ist gesundheitsschädlich. Auf der anderen Seite werden wir immer älter, und das ist ebenfalls ein Grund, wieso die Gesundheitskosten steigen. Also stehen diese beiden Argumente im Widerspruch zueinander.

Was sollen wir tun? Leben und leben lassen. Auch ich habe Fett immer als etwas Schlechtes gesehen, als etwas, was Menschen nicht sein dürfen. Ich kenne aber mittlerweile so viele Menschen, darunter einige aus meinem Familien- und Freundeskreis, die dick, Entschuldigung, *fett* sind. Es ist auch für mich noch ungewohnt, „fett" zu sagen. Wenn ich sagen würde, dass sie alle nie Probleme damit hatten, würde ich lügen. Viele von ihnen haben ein Leben lang versucht abzunehmen, haben vieles dafür getan, haben sich strikt gesund ernährt, Sport getrieben. Und trotzdem haben sie kaum mehr als ein paar Kilos abgenommen. Wie du dir vorstellen kannst, war der Frust jeweils groß, und das über Jahre. Ich habe mir damals auch immer wieder überlegt, wie ich diesen Menschen dabei helfen kann abzunehmen.

Dank der Body-Positivity-Gemeinschaft in den sozialen Netzwerken habe ich angefangen, diese Dinge zu hinterfragen. Stimmen denn die Vorurteile über dicke Menschen? Sind sie wirklich faul? Ernähren sich wirklich alle dicken Menschen ungesund? Gehen sie wirklich so oft in Fast-Food-Restaurants, wie viele immer behaupten? Ich habe mir Bücher gekauft, die auch Studien enthalten, und mich informiert, und bin zu der Erkenntnis gekommen, dass es tatsächlich Menschen gibt, die anatomisch runder gedacht sind

Nimm dir die Zeit und hinterfrage dich und deine Vorurteile.

als andere, mehr Fett am Körper haben als andere und trotzdem kerngesund sind. Ich konnte es anfangs auch nicht glauben, da ich immer dachte, dass alle dicken Menschen einfach selbst schuld daran sind, dass sie so sind, wie sie sind. Aber das stimmt so nicht. Klar gibt es Menschen, die dafür verantwortlich sind, aber auch Menschen, die sich nur von Fast Food ernähren und sich kaum bewegen, haben es verdient, in Ruhe gelassen zu werden.

Wir blicken oft in die USA oder mittlerweile auch nach Mexiko, da es dort die meisten übergewichtigen Menschen gibt. Ich war in beiden Ländern und habe selbst gesehen, wie teuer dort gesundes, frisches Essen ist. Als Schweizerin konnte ich es mir leisten, während meiner Zeit in diesen Ländern frisch zu essen, aber Fast Food ist dort einfach viel billiger. Viele Familien können es sich nicht leisten, einen gesunden Lebensstil zu führen. Außerdem gibt es viele Krankheiten, durch die Menschen automatisch zunehmen. Es gibt auch Medikamente, auf die man angewiesen sein kann, die ebenfalls eine Zunahme zur Folge haben.

> Es gibt so viele Gründe, wieso ein Mensch dick ist, aber es hat niemanden zu kümmern außer ihn selbst.

Es gibt also viele Gründe, wieso ein Mensch dick ist, aber es hat niemanden zu kümmern außer ihn selbst. Niemand hat es verdient, dass man auf ihm rumhackt, absolut niemand. Denn es ist, wie es ist: Dein Körper, dein Leben. Außerdem hat es noch niemandem geholfen, wenn man ihm gesagt hat, er wäre dick, er solle abnehmen. Solche Sprüche, egal wie gut sie gemeint sind, hinterlassen einen seelischen Schaden beim Menschen, eben weil die allermeisten von uns denken, dass Dicksein nicht in Ordnung wäre.

Deswegen liebe ich die Body-Positivity-Bewegung. So viele Menschen, die früher ständig mit Vorurteilen zu kämpfen hatten und sich selbst die Schuld daran gegeben haben, dass sie ausgelacht, beschimpft und diskriminiert wurden, sind das erste Mal auf Toleranz, Verständnis und Respekt gestoßen. Auch ich habe viel gelernt, hinterfrage viel mehr und bin toleranter als jemals zuvor. Ich versuche nun auch, den Menschen, die mir lieb sind, beizubringen, dass es okay ist, wenn sie dick oder fett sind. Denn ich habe oft mitangesehen, dass sie es trotz aller Bemühungen nicht geschafft haben, schlank zu sein.

Dein Körper, dein Leben.

Leider glauben mir noch nicht alle, wie vielleicht auch du anfangs Mühe haben wirst zu glauben, dass es wirklich okay ist, nicht zu den Schlanken zu gehören. Aber genau deshalb schreibe ich diese Zeilen. Und ich möchte, dass du mir glaubst.

Es wird uns viel zu selten gesagt, dass die Menschheit vielfältig ist und diese Vielfalt über die Haut-, Haar- oder Augenfarbe hinausgeht. Menschen gibt es in unterschiedlichen Größen, aber auch in unterschiedlichen Körperformen, und das alles ist absolut in Ordnung. Wir sollten diese Vielfalt fördern und nicht nur selbst davon profitieren, sondern auch Menschen unterstützen, die immer wieder zu hören bekommen, dass sie nicht gut genug sind. Denn wir können nur gemeinsam etwas erreichen und gemeinsam sind wir stark. ♥

ÜBUNG: HAST DU VORURTEILE?

Welche Vorurteile hast du vielleicht noch gegenüber dicken und fetten Menschen? Die Vorurteile sind wahnsinnig weit verbreitet und fast jeder von uns hat sie, bewusst oder unbewusst, schlank oder dick.

Ich möchte, dass du gründlich darüber nachdenkst, ob auch du solche Vorurteile hast. Schreibe sie auf und sei bitte nicht wütend oder böse auf dich, wenn du merkst, dass da mehr in deinem Kopf sind, als du vielleicht vermutet hättest.

Nun frage dich: Woher kommen diese Vorurteile? Warum denkst du so? Sei achtsam und gut zu dir, während du dir diese Fragen stellst, doch durchaus auch selbstkritisch.

Wenn du das nächste Mal einen fetten Menschen siehst und merkst, dass sich wieder ein Vorurteil zu Wort meldet in deinem Kopf, zum Beispiel auf der Straße oder in einem Restaurant, dann unterbrich diese Gedanken aktiv und erinnere dich an diese Übung.

MEINE GESCHICHTE: DEZEMBER 2013

Weihnachten stand vor der Tür, und wieder einmal wusste ich nicht, wie ich mich auf dieses wunderbare Fest der Liebe freuen sollte. Ich hatte Angst, wieder die Kontrolle zu verlieren und das Essen sowie die Zeit mit meiner Familie dadurch nicht genießen zu können. Ich hatte schon lange verlernt, intuitiv zu essen. Ich verspürte also weder Hunger- noch Sättigungsgefühle. Ich aß nicht aus Hunger und aß auch nicht das, worauf ich Appetit hatte, sondern nach Plan, und zwar so, dass es mit meinen Diäten übereinstimmte. Ich wusste zudem auch nicht mehr, wann mein Körper genug hatte, da ich meinen Magen monatelang strapaziert hatte. Ich hatte verlernt, das Essen richtig wahrzunehmen und zu genießen. Essen war für mich nur noch Mittel zum Zweck, und deshalb aß ich auch wahnsinnig schnell. Von Genießen war da keine Spur. Möglichst gesund, möglichst kalorienarm, Hauptsache, es hatte einen positiven Einfluss auf meine Figur. Am Heiligabend kam es so, wie ich befürchtet hatte.

Anfangs war alles okay, doch dann überkamen mich wieder diese bedrückenden Gefühle, die Angst vor dem Essen, die Angst vor dem Kontrollverlust. Zudem wurde ich wieder mal von einer Aussage total verunsichert, die eigentlich lieb gemeint war. Ein Verwandter meinte, ich würde endlich wieder etwas gesünder und besser aussehen. Die Kilos, die ich in den letzten Wochen zugenommen hatte, würden mir gut zu Gesicht stehen. Er hätte es nicht liebevoller und ehrlicher ausdrücken können, wirklich, und trotzdem hörte ich nur „Kilos zugenommen", und da es nicht das erste Mal war, dass ich darauf angesprochen wurde, verstärkten sich die unangenehmen Gefühle. Wieso bemerkte jeder, dass ich zugenommen hatte? War es so offensichtlich? Ich musste etwas dagegen unternehmen, ich wollte einfach nicht mehr dick sein. Als wir dann am Tisch saßen, lief es anfangs gut. Ich aß von allem ein wenig. Ich hatte mich so angestrengt, doch beim Nachtisch verlor ich wieder die Kontrolle, und meine Ängste nahmen erneut überhand. Ich würde mich wieder überessen. Verzweifeln. Die Kontrolle verlieren. Traurig sein. Enttäuscht. Über mich, über diese Gesellschaft, den Fitness-Trend, den Magerwahn, die Medien, die Ideale. Und enttäuscht von den Menschen, die über meinen Körper urteilten.

8 ES BEGINNT VIEL ZU FRÜH

Warst du als Kind zufrieden mit deinem Aussehen oder war es dir egal, wie du ausgesehen hast und wie du auf andere gewirkt hast?

„Ich kann mein Pausenbrot nicht ganz aufessen, sonst nehme ich zu." Als ich das aus dem Mund eines fünfjährigen Mädchens hörte, erschrak ich. Obwohl ich derlei schon ganz oft gehört hatte, fühlte es sich in diesem Moment einfach unglaublich falsch an. Das darf doch nicht von einem so kleinen Mädchen kommen! Sie geht ja noch in den Kindergarten! Sie sollte ans Spielen, ans Erkunden und Entdecken und ans Schließen von Freundschaften denken. Das ist doch das, was die Zeit im Kindergarten ausmachen sollte, aber doch nicht Ängste und Sorgen, die um ihre Figur kreisen.

Von wem sie solche Gedanken wohl übernommen hat? Ich finde das sehr traurig, aber wenn man genauer darüber nachdenkt, tun wir Erwachsenen nichts anderes. Wir sind mittlerweile schon so daran gewöhnt, immer an unserem Aussehen herumzumeckern, dass wir es bei uns als normal ansehen. Es darf aber nicht so weit kommen, dass Kinder uns das nachmachen. Tatsächlich haben 45 % der Teilnehmer und Teilnehmerinnen meiner Online-Umfrage (also ungefähr 1.500 Personen!) angegeben, sich bereits als Kind Gedanken um ihr Aussehen gemacht haben.

Wir dürfen es niemals als normal betrachten, dass diese Sorgen schon so früh Platz in den Köpfen der Kinder einnehmen. Trotzdem verwundert mich das alles gar nicht, denn Erwachsene sind nun mal Vorbilder. Und da wir in dieser Diät-Kultur feststecken und sie vorleben, lernen bereits Kinder von uns, dass eine Frau schlank und zart sein muss, um als Frau etwas wert zu sein, und ein Mann groß, muskulös und demnach *stark*, um ein richtiger Mann zu sein. Die Dunkelziffer der darunter leidenden Männer muss riesig sein. Denn auch viele Jungen und Männer leiden unter diesem stereotypischen Denken. Ständig reden wir über das Abnehmen, als wäre es etwas immens Wichtiges, etwas, das man heutzutage tun muss, um dazuzugehören.

Wir leben leider in einer Gesellschaft, die Geld mit unserer Unsicherheit verdient, deshalb sorgt sie dafür, dass wir weiterhin das Gefühl haben, nicht gut genug zu sein. Setz dich mal bewusst mit der Werbung auseinander. Geh in den nächsten Zeitschriftenladen und schau dir die Titelbilder der beliebtesten Magazine an. Eine Frau gleicht der anderen, und auch wenn ab und an die Haar- oder die Hautfarbe anders ist, wird doch immer wieder das Gleiche suggeriert: Eine Frau muss groß, schlank und definiert sein, glatte Haut, keine Unreinheiten haben. Und das ist nicht nur auf den Covern so, sondern auch, wenn man den Fernseher einschaltet, wenn man an Plakaten vorbeiläuft, einfach überall. Der Mann hingegen ist muskulös, manchmal leicht definiert und manchmal ein richtiger Muskelprotz. Einen definierten, muskulösen Körper zu haben bedeutet Männlichkeit.

Es geht um mehr als Bildbearbeitung, denn dass bei allen Bildern immer mit Bearbeitungsprogrammen wie Photoshop nachgeholfen wird, ist mittlerweile den allermeisten klar, aber die Vielfalt fehlt, und mit dieser Realität werden bereits kleine Kinder konfrontiert. Diese immer gleiche Message ist allgegenwärtig.

„Sieh mal, ich mache mich fit für den Strand!", kam von einem achtjährigen Mädchen, das gerade mit den Hanteln Übungen für seine Oberarme machte. Sie sagte es lachend, also nehme ich an, dass es ein Witz war. Ich hätte wie alle anderen, die dabei waren, darüber hinwegsehen und es niedlich finden können, dass sie uns Erwachsene nachahmt. Doch dass sie überhaupt auf so etwas kommt, gab mir zu denken. Ich will ja nicht griesgrämig sein, und eigentlich bin ich sehr offen und locker im Umgang mit vielen Dingen, aber wieso um Himmels Willen sollte ein achtjähriges Mädchen denken, sie sei noch nicht bereit für den Strand? Meine Erklärung: Der Begriff und die Idee des *bikini body* (also frei übersetzt ein Körper, der es wert ist, einen Bikini zu tragen), ist der Grund, wieso sich viele nicht trauen, einen Bikini anzuziehen, oder dass sie glauben, zuerst etwas leisten müssten, um einen tragen zu dürfen. Es gibt mittlerweile viele Bikini Body Guides die uns, ob wir es wollen oder nicht, vermitteln, dass man einen bestimmten Körper dafür braucht.

Wie ernst man solche Botschaften nimmt und wie stark sie einen beeinflussen, ist von Person zu Person unterschiedlich. Sie setzen Menschen unter Druck und unterstützen eine Diät-

Kultur, die ihren Weg in die Köpfe der nachfolgenden Generationen finden wird. Doch das ist es nicht allein.

Ich bin schon, seit ich klein war, ein großer Fan von Disney-Filmen. Ich habe jeden Film gesehen und jeden geliebt. Auch heute noch schaue ich mir gerne ab und zu einen Film an, denn das erinnert mich an eine unbeschwerte Zeit. Wenn du darüber nachdenkst, wie die weiblichen Charaktere aussehen, dann fällt dir ziemlich schnell auf, dass sie sich alle ziemlich ähnlich sind. Cinderella und Alice (die, die im Wunderland ist) sind blond, Pocahontas und Esmeralda haben dunkle und Arielle rote Haare. Was auch toll ist: Disney geht zwar auch auf verschiedene Kulturen ein, nicht nur auf die westliche, aber viel mehr Unterschiede kannst du nicht wirklich erkennen. Alle Frauen haben in etwa die gleiche grazile Statur, ihre Silhouetten sind das, was man heute als Sanduhr-Figur bezeichnet: stattliche Oberweite, schmale Taille und etwas kurvigere Hüften.

Ich weiß nicht, wie es bei dir war, aber ich habe mich mit jeder weiblichen Figur in diesen Filmen zu identifizieren versucht, schließlich wollte ich als Kind auch eine Prinzessin sein, und alle waren sie nicht nur unglaublich hübsch, sondern auch stark und selbstbestimmt. Für mich waren sie Vorbilder. Wenn ich jetzt sagen würde, dass ich mich schlecht gefühlt habe, weil ich mich mit ihnen verglichen habe, wäre das eine Lüge. So war es einfach nicht. Aber ich bin mir sicher, dass sie in sehr vielen Mädchen vielleicht auch unbewusst den Wunsch auslösten, so eine Figur zu haben, wenn sie erwachsen sind.

Disneys Prinzessinnen sind nur ein Beispiel von vielen, die zeigen, was für ein Frauenbild bereits Kindern vermittelt wird.

Barbie finde ich jedoch viel schlimmer, wenn es um Körperbilder und Vielfalt geht. Wie Disney machte auch Barbie einen großen Teil meiner Kindheit aus. Ich bin ein Einzelkind, und so verbrachte ich meine Freizeit, wenn ich nicht gerade mit Freunden draußen spielte, mit Barbie-Puppen in meinem Zimmer. Ich habe auch relativ spät aufgehört, mit Barbie-Puppen zu spielen, einfach weil ich mit ihnen in eine Welt eintauchen konnte, in der alles in Ordnung war, weil ich Regie darüber führte. Doch wenn ich mich jetzt zurückbesinne, waren alle meine Barbies genau das, was wir heute immer noch als *Ideal* sehen. Wie die Disney-Prinzessinnen hatten sie alle eine Wespentaille, schlanke und lange Beine, makellose, glatte Haut, ein wunderbar glückliches Gesicht und tolle lange Haare. Von Vielfalt fehlte auch da jede Spur. Und natürlich war auch Ken, das männliche Pendant, bis 2016 kein Spiegel der realen, vielfältigen Welt an Männerkörpern: Groß, schlank, definiert und auch er hellhäutig.

Erst seit 2016 hat Vielfalt Einzug im Hause Barbie gehalten, und so gibt es jetzt tatsächlich unterschiedliche Barbies, sowohl unter den weiblichen als auch den männlichen. Sie haben unterschiedliche Hautfarben, es gibt solche mit asiatischen Gesichtszügen und auch Latinas. Auch unterschiedliche Körperformen werden berücksichtigt, wobei die Vielfalt in dieser Hinsicht noch ausbaufähig ist. Aber es ist schon mal ein Anfang.

Vaiana, die weibliche Hauptfigur im gleichnamigen Film, brachte endlich frischen Wind in die Disney-Welt. Auf einmal war es nicht eine Liebesgeschichte, die da erzählt wurde, bei der eine Prinzessin am Ende von einem Prinzen gerettet wird, sondern sie selbst ist die Heldin dieser Geschichte, und dazu hat sie endlich auch andere Körperproportionen als ihre Vorgängerinnen. Dass sowohl Disney als auch Barbie angefangen haben, sich von solchen Idealen zu lösen und Vielfalt zu zeigen, war ein toller Schritt in die richtige Richtung, der jedoch viel früher hätte stattfinden sollen. Aber man sagt ja nicht umsonst *besser spät als nie.*

Jetzt müssen wir alle dafür sorgen, dass diese permanente Unzufriedenheit mit dem eigenen Körper aufhört. Wir sollten nicht nur selbst lernen, uns so zu lieben, wie wir sind, sondern das auch unseren Mitmenschen auf den Weg geben, besonders auch unseren Kindern. Wenn wir uns eine Veränderung in der Gesellschaft wünschen, müssen wir bei uns selbst beginnen. Wir müssen die Veränderung sein. Wir müssen es nicht nur für uns tun, sondern auch für unsere Kinder. Sie müssen wissen, dass sie gut sind, wie sie sind, dass es kein Weltuntergang ist, wenn sie zunehmen oder dicker sind als ihre Freunde.

Wir müssen die Veränderung sein.

Wie wir selbst uns unserer Talente und Potenziale bewusst sein müssen, müssen wir auch den Kindern zeigen, dass sie welche besitzen, dass sie etwas bewegen können in ihrem Umfeld, und dass das nichts damit zu tun hat, wie hübsch oder schlank sie sind. Wir müssen sie fördern. Denn nur wenn wir schon in der Kindheit mehr Vielfalt begegnen, bei den alltäglichsten Dingen sehen können, dass Vielfalt okay ist, und wir den Kindern das selbst vorleben, nur dann können wir etwas verändern. Wir können von ihnen aber nicht erwarten, dass sie von allein wissen, wie Selbstakzeptanz und Selbstliebe funktionieren, wenn wir ihnen nicht beibringen, wie es geht.

Neben meiner Arbeit als Selbstliebe- und *Body-Positivity-Bloggerin* bin ich auch Lehrerin an einer Grundschule. Ich habe jeden Tag mit Kindern zu tun. Es bricht mir das Herz, wenn ich spüre, dass ein Mädchen oder ein Junge denkt, es müsste einfach nur schön sein, um etwas zu erreichen. Wenn du glaubst, ich übertreibe, dann muss ich dich leider enttäuschen, denn es fängt tatsächlich bereits so früh an. Mir ist es unglaublich wichtig, die Kids so früh und so gut wie möglich zu stärken und ihnen das Gefühl zu geben, dass sie gut sind, wie sie sind, auch wenn sie ihre Macken haben, auch wenn oder gerade weil sie denken, sie seien nicht perfekt. Wer ist schon perfekt?

Wir alle haben selbst viele Jahre unserer Kindheit und Jugend in der Schule verbracht. Mir hat dort leider niemand beigebracht, wie ich lernen kann, mich so zu akzeptieren und zu lieben, wie ich bin. Als Lehrerin bin ich diesbezüglich immer wieder unter Druck, den Inhalt des Lehrplans durchzubringen, aber Selbstvertrauen ist die Basis eines jeden Menschen, um gestärkt und positiv durch das Leben zu gehen. Diese Basis sollte so früh wie möglich gelegt und nach und nach gestärkt werden. Wir, die wir mit Kindern zu tun haben, tragen eine Mitverantwortung. Falls dich diese Verantwortung gerade unter Druck setzt, weil du selbst noch nicht ganz angekommen bist, dann lass mich dir bitte sagen, dass du diese Angst getrost ablegen kannst. Du musst in erster Linie dafür sorgen, dass du im Reinen mit *dir* bist, dass *du* diese Basis besitzt. Aber vielleicht motiviert es dich, wenn du weißt, dass du es nicht nur für dich tust, sondern auch für andere Menschen. ♥

DAS KANNST DU TUN, UM SELBSTLIEBE ZU VERBREITEN

Vermeide Diäten, Diät-Gespräche und die Diät-Kultur im Allgemeinen, besonders aber vor Kindern. Kinder essen intuitiv und sind meistens sogar die besseren Vorbilder, wenn es darum geht, auf den Bauch und die eigenen Hunger-Signale zu hören, vorausgesetzt, die Erwachsenen funken nicht dazwischen.

---------------------------------- ♥ ----------------------------------

Meckere nicht ständig an dir rum, dass du dieses und jenes noch tun müsstest, um schön zu sein. Kinder hören zu und lernen sehr schnell. Wenn sie merken, dass das jeder tut und dass das normal ist, eignen sie sich dieses Verhalten an.

---------------------------------- ♥ ----------------------------------

Gib den Menschen – vor allem aber den Kids – das Gefühl, dass sie nicht perfekt sein müssen, um gut genug zu sein. Jeder hat seine Macken, die ihn ausmachen. Es wäre doof und langweilig, wenn wir alle gleich wären. In diesem Sinne: Akzeptiere nicht nur dich selbst so, wie du bist, und erwarte auch von anderen nicht, dass sie perfekt sind.

---------------------------------- ♥ ----------------------------------

Zeige, dass du im Reinen mit dir bist. Verstecke dich nicht, denn erstens hast du es verdient, glücklich und zufrieden zu sein, und zweitens bist du so ein Vorbild für viele, die noch nicht so weit sind, egal ob jung oder alt. Selbstliebe kann man bei anderen abschauen, und das ist toll.

laurahunziker

Mein Name ist Laura. Ich habe ein Feuermal, auch *Naevus flammeus* genannt, welches meinen ganzen linken Arm bedeckt sowie Teile meines linken Schulterblattes und der linken Brust. Ein Feuermal ist eine gutartige Hautveränderung, die eine dunkelrote bis rötlich-violette Farbe annimmt. Mein Feuermal begleitet mich seit meiner Geburt, und auch ich habe unter vielen Vorurteilen gelitten – bis heute. Als Kleinkind fiel mir mein Feuermal nie auf, ich hatte eine glückliche Kindheit und nie einen Gedanken daran verschwendet, dass ich anders sein könnte.

Es kam die Schulzeit, und schnell wurde mir klar, dass ich ein wenig anders war als meine Schulfreunde. Gedanken machte ich mir natürlich, da ich vielen Blicken nicht ausweichen konnte, und ich habe mich viele Male gefragt: *Warum ich?* Ich war umgeben von Leuten, die hinter mir standen, größtenteils meine Familie natürlich, die mir immer wieder zeigte, dass ich mich für nichts schämen muss. Jedoch gab es immer wieder Menschen, die mich nicht akzeptieren wollten und die anfingen, hinter meinem Rücken über mich zu urteilen.

Mich ließ das anfangs ziemlich kalt. Mit der Zeit steigerten sich die Vorurteile, und die Meinungen wurden mir offen und ehrlich und immer häufiger direkt ins Gesicht gesagt. Das tat jedes Mal weh. Ich wurde häufig beleidigt, ausgeschlossen oder ausgelacht, und je mehr dies passierte, desto stärker zweifelte ich an mir. Irgendwann fing ich sogar an, alles zu glauben, was diese Leute mir sagten, und mein Selbstwertgefühl und mein Selbstbewusstsein fingen an zu bröckeln, bis gar nichts mehr übrig war. Was ich mir aber immer versprochen hatte, war, dass ich es mir nie anmerken lassen würde, wie sehr mich das alles verletzte. Ich wollte schlichtweg nicht zeigen, dass die anderen es geschafft hatten, mich zu zerstören. Trotzdem wollte ich mich ändern.

Es fing an mit Camouflage-Makeup, wofür ich über zwei Stunden meiner Zeit investieren musste, um alles abzudecken. Das wurde mir natürlich auf die Dauer zu viel, und schnell hörte ich wieder damit auf. Als einfachere Alternative sah ich nur noch das Lasern, und schon bald habe ich einen Termin vereinbart. Bei jeder Sitzung hatte ich eine unbeschreibliche Angst vor der ganzen Prozedur, vor allem vor den Schmerzen. Viele Sitzungen habe ich auch deswegen abgebrochen, und das war der Moment, in dem mir klar wurde, dass ich mich nicht verändern will und schon gar nicht muss. Genau dieses Feuermal ist mein Markenzeichen und macht mich zu dem Menschen, der ich bin.

Wenn ich jetzt zurückschaue, bin ich überglücklich und stolz auf mich, dass ich mich dieser Laserprozedur nicht unterzogen habe. Ich habe ab diesem Moment begonnen, mich selbst zu lieben und zu schätzen genauso, wie ich bin. Mir wurde bewusst, dass jeder Mensch auf dieser Welt einzigartig ist und jeder das Recht darauf hat, sich selbst zu lieben mit all den Ecken und Kanten, die man nun mal als Mensch hat.

Ich hatte viele Konflikte mit mir selbst, bin aber nun an dem Punkt angekommen, an dem ich früher immer sein wollte. Ich werde immer hinter mir und meinem Feuermal stehen, und wenn mich jemand nicht akzeptiert, wie ich bin, lässt mich das kalt. Denn das Wichtigste ist, dass man immer zu sich steht und sich nicht für irgendeinen Menschen verändert. Selbstliebe ist ein Prozess, der niemals aufhört. Es wird bessere und schlechtere Zeiten geben, aber wichtig ist, dass man niemals aufhört, auf sich selbst achtzugeben, zu tun, was einem Freude bereitet, und nie versucht, sich wegen Vorurteilen anderer zu verändern. Jeder Mensch ist perfekt, so, wie er ist.

9 DANN BIN ICH EBEN NICHT PERFEKT

Welche Eigenschaften magst du an dir besonders? Gibt es Dinge, du an dir gerne ändern würdest? Welche?

Selbstliebe beudeutet mehr als *nur* den eigenen Körper zu akzeptieren und ihn lieben zu lernen, wie er ist. Klar ist das gerade in der heutigen Zeit nicht nur sehr schwierig, sondern auch sehr wichtig. Das ist auch der Grund, warum ich dieses Buch geschrieben habe. Aber Selbstliebe geht weit über die Beziehung zum eigenen Körper hinaus. Denn wir sind mehr als unser Gesicht, unser Körper und unsere Art aufzutreten. Ich möchte, dass du weißt und dass dir wirklich bewusst ist, dass du mehr bist als das, was andere wahrnehmen, wenn sie dich an der Bushaltestelle, beim Einkaufen oder am Strand beim Baden sehen. Auch wenn ich dich nicht kenne, bin ich doch davon überzeugt, dass du einen wundervollen Charakter hast. Du hast Eigenschaften, die dich ausmachen, und selbst wenn dich manchmal einige Eigenschaften davon nerven (wie beispielsweise mich mein Chaotentum manchmal nervt) und du sie liebevoll als Macken bezeichnest (das tue ich zumindest hin und wieder), bist du vollkommen. Denn dich gibt es nur ein Mal auf dieser Welt, und bestimmt gibt es einige Menschen, die dich schätzen und lieben, wie du bist. Und auch du solltest zu diesen Menschen gehören.

Denn du bist dein einziger Begleiter vom Anfang bis zum Ende deines Lebens. Du musst mit dir selbst klarkommen, du musst dich vielleicht manchmal auch selbst aushalten durch alle Krisen hindurch, aber vor allem hast du eine wichtige Aufgabe: Du musst dafür sorgen, dass du glücklich, zufrieden und mit dir im Reinen bist. Vielleicht bist du es nicht jeden Tag, was auch nicht schlimm ist, da Glück eher eine ständige Reise ist. Du darfst auch mal unglücklich, wütend oder frustriert sein, denn das gehört dazu. Du bist schließlich ein Mensch mit Gefühlen und keine Puppe. Vielleicht bist du gerade sogar unglücklich, und es kommt dir vor, als sei dein Glück noch weit entfernt. Egal wie du dich jetzt fühlst, du musst dir bewusst sein, dass du selbst für dein Glück verantwortlich bist und niemand anders. Jemand anders kann dein Glück nur ergänzen oder vervollständigen, die Basis legst aber du.

> **Du bist dein einziger Begleiter vom Anfang bis zum Ende deines Lebens.**

Vielleicht magst du das eine oder andere an dir nicht, vielleicht möchtest du manches ändern oder optimieren. Doch im Grunde bist du gut so, wie du bist! Wann immer du also denkst, du müsstest etwas an dir verändern, frage dich immer vorher, für wen oder warum. Wenn der Grund dafür nicht aus deinem eigenen tiefsten Inneren kommt oder dein Glück und Wohlbefinden nicht im Vordergrund steht, dann lass es lieber, denn du bist niemandem etwas schuldig. Allen gefallen kannst du sowieso nicht. Außerdem ist es viel zu anstrengend, anderen immer gefallen zu wollen, oder nicht?

Ich zum Beispiel bin durch und durch eine Chaotin und habe bis vor einiger Zeit wahnsinnig darunter gelitten, weil ich wusste, dass ich damit anderen auf die Nerven gehe. Gerade den Menschen, die ordentlich und organisiert sind und alles im Überblick haben, kann ein superchaotischer Mensch, wie ich es bin, auf die Nerven gehen, und das ist nur eine von vielen Macken von mir. Andere Dinge nerven mich manchmal selbst so sehr, dass auch ich schon das Bedürfnis hatte, mich zu ändern. So richtig hat es nie geklappt, obwohl ich mich wirklich angestrengt habe. Da ich einfach so bin, wie ich bin, dachte ich lange, wenn ich charakterlich schon nicht punkten kann, muss ich wenigstens hübsch sein, damit man über meine Macken hinwegsehen kann. Diese Denkweise setzte mich aber enorm unter Druck und war kein bisschen entlastend, eher im Gegenteil. Jahrelang versuchte ich, anderen zu gefallen und den Wünschen von anderen zu entsprechen. Ich war lange der Überzeugung, wenn ich dünn wäre, könnte ich viele andere Schwächen wettmachen, weil in meinen Augen damals Schlanksein das Wichtigste war. Wenn man wenigstens dieser gesellschaftlichen Anforderung entspricht, hat man schon mal gute Chancen.

Heute habe ich keine Lust mehr darauf, mich zu verstellen. Heute weiß ich, dass ein Mensch niemals nur über sein Aussehen definiert werden darf. Ich kenne mich und weiß, dass ich neben all meinen Macken auch ein gutes Herz besitze und wann immer möglich anderen ein Lächeln ins Gesicht zu zaubern versuche. Ich bin hilfsbereit, tolerant und ehrlich. Ich stecke voller Qualitäten, die man kennenlernen kann, wenn man hinter meine Fassade blickt. Ich weiß heute auch, dass ich mehr bin als meine blauen Augen, die langen Haare, der weiche Bauch und die kleinen Brüste. Ich mag vielleicht charakterlich und auch äußerlich nicht immer dem entsprechen, was andere von mir erwarten. Aber wieso muss man so sein, wie andere es sich wünschen?

Ich habe damit aufgehört, und seit ich einfach ich selbst sein kann, mit all meinen Macken und Fehlern, gehe ich viel entspannter durch das Leben. Natürlich muss man auch Kompromisse schließen können, denn nur egoistisch zu sein ist in Beziehungen nicht hilfreich. Aber manches muss einfach nicht sein. Ich habe aufgehört, Dinge zu tun, die ich eigentlich gar nicht mag. Ich habe Menschen aufgegeben, die mich nicht so akzeptieren konnten, wie ich bin. Ich habe eingesehen, dass meine Schwächen zu mir gehören, sie mich aber nicht ausmachen. Ich bin vielleicht nicht jedermanns Sache, denn ich bin chaotisch, manchmal unpünktlich und sehr oft emotional. Ich gebe nicht gerne zu, dass ich im Unrecht bin, und es kostet mich enorme Überwindung, mich zu entschuldigen. Ich besitze einige Eigenschaften, die als nervig oder unpassend angesehen werden, doch heute macht mir das nichts mehr aus. Denn wenn du selbst weißt, wer du bist und was dich ausmacht, dann kann dich niemand mehr verletzen. Wenn mir jemand sagt, ich sei chaotisch, dann kann ich nur nicken und zustimmen, denn ich weiß es. Na und? Dann bin ich es eben, entweder man kommt damit klar oder eben nicht, aber verbiegen muss man sich für niemanden. ♥

Montagmorgen, ich steige in den Bus ein … Oh je, eine Schulklasse, muss das jetzt sein? Ich warte nur darauf, bis ich „entdeckt" werde. Das erste Mädchen hat mich gesehen, als ich eingestiegen bin, und „ich" verbreite mich in der Klasse wie ein Lauffeuer. Alle Schüler fangen an zu tuscheln, manche lachen, ein paar wenige schämen sich für das Verhalten ihrer Klassenkameraden und grinsen mich gequält freundlich an. Ich lächle aber freundlich zurück und zucke mit den Schultern, versuche ihnen damit zu sagen, dass es okay ist, nicht so schlimm. Ich sehe anders aus als die anderen, die um mich herum sitzen. Kleine Kinder können mich zwar meist nicht so recht einschätzen, sie sehen aber doch, dass ich nicht in ihrem Alter bin, obwohl ich ungefähr so groß bin wie sie. Bin ich nun ein Kind oder eine Erwachsene?

Ich bin nur einen Meter dreißig groß, etwa so groß wie ein acht- bis neunjähriges Kind.

Ich bin kleinwüchsig und habe Achondroplasie, das ist die häufigste Form von Kleinwuchs. Meine Eltern und Geschwister sind normal groß, denn jede Frau kann ein kleinwüchsiges Kind bekommen.

Früher war so eine Situation wie zum Beispiel im Bus ganz schlimm für mich. Am liebsten wäre ich dann immer im Erdboden versunken, hätte losgeheult, wäre gar nicht erst Bus gefahren, und in der Pubertät hätte ich mich am liebsten zu Hause versteckt. Ich habe es gehasst, angestarrt zu werden und dass über mich getuschelt wurde. Ich konnte ja nichts dafür. Meine Familie hat mich aber nicht zum Stubenhocker werden lassen und mich mehr oder weniger dazu gedrängt rauszugehen, mein Leben zu leben und zu lernen, damit umzugehen, denn ich kann nicht die ganze Menschheit ändern. Die Menschen starren nun mal, erst recht, wenn sie etwas „Unnormales" sehen, und das bin ich.

Ich hatte eine tolle Kindheit und eine tolle Familie, die immer hinter mir stand, also lernte ich schließlich, mit einer positiven Lebenseinstellung durchs Leben zu gehen. Immer mit dem Motto

„Ist nicht so schlimm, könnte viel schlimmer sein. Sieh das Positive!" Unsere Eltern ermutigten uns, unsere Ziele zu verfolgen. So habe ich mich entschieden, ein Kolleg für Mode und Design zu besuchen und dort meine Lehre zur Maßschneiderin und Modedesignerin zu absolvieren, nachdem ich bei einem Praktikum feststellen musste, dass ich für meinen Traumberuf als Konditorin in diesem Leben einfach zu klein bin.

Ich reiste viel durch Deutschland, um an Treffen vom Kleinwuchsverband teilzunehmen. Dadurch wurde ich wirklich sehr selbstständig, mit meinem Führerschein und Auto auch mobil. Bei einem dieser Treffen, an dem ich als Kinderbetreuerin teilnahm, lernte ich dann meinen heutigen Mann kennen.

Ich bin froh, kleinwüchsig zu sein, ich bin heute glücklich, und was gibt es Wichtigeres als glücklich und gesund zu sein. Natürlich habe ich auch mal schlechte Tage. Aber ohne den Kleinwuchs wäre sicher alles ganz anders. Ich hätte nicht den tollsten Mann kennengelernt, mit dem ich verheiratet bin und irgendwann ganz tolle Kinder haben werde, die vielleicht auch kleinwüchsig sind. Bestimmt wäre ich nach der Ausbildung nicht zu meinem Superjob gekommen als Direkteinsteiger. Ich leite die Firma mit, in der ich arbeite.

Mir geht es gut, ich bin einfach nur ein bisschen kleiner als die anderen. Manchmal muss ich nach Hilfe fragen, und ab und an trifft man auch auf nicht so nette Personen, aber die machen mir nicht das Leben schwer.

Also, ihr Lieben, lasst euch nicht von Fremden in eurer Lebenslust einschränken, geht raus, zeigt euch, seid stolz darauf, wie ihr seid, jeder Mensch ist einzigartig! Egal welche Lasten ihr gerade mit euch herumtragt, denkt daran, es hätte auch schlimmer kommen können, und nach einem Sturm kommt immer auch wieder Sonnenschein.

10 EIN POSITIVES KÖRPERBILD ENTWICKELN

Wenn du ganz ehrlich zu dir bist: Bist du zufrieden mit deinem Körper, so wie er aktuell ist? Fühlst du dich wohl in deinem Körper? Warum nicht?

Wenn du ein positives Körperbild hast, dann bist du im Reinen mit dir, und zwar unabhängig von deinem Gewicht oder deinen angeblichen *Makeln*. Das ist in der heutigen Zeit etwas Kostbares. Denn wo man auch hinhört oder hinsieht, die Menschen sind entweder unzufrieden mit dem eigenen Körper oder man bekommt gesagt, man solle unzufrieden sein. Vielleicht hat es dir noch niemand so direkt gesagt, doch indirekt passiert es tatsächlich andauernd. Wenn ich im TV oder in Magazinen lese, dass ich mit Programmen, Shakes oder sonstigen Mitteln und Methoden abnehmen oder meine Haut von angeblichen Makeln wie Cellulite, Dehnungsstreifen oder Falten befreien soll, dann ist die Message dahinter bestimmt nicht: „Liebe dich so, wie du bist, denn genau so, wie du bist, bist du gut genug." Dann würden all diese Unternehmen nicht so viel verdienen, wie sie es aktuell tun.

> **Wenn du dich in deinem Körper gut fühlst, wirst du positiver durchs Leben gehen.**

Es ist sehr wichtig, dass du ein positives Körperbild hast. Denn wenn du dich in deinem Körper gut fühlst, gehst du nicht nur positiver durchs Leben, sondern du behandelst dich und deinen Körper so, wie ihr beide es verdient habt, nämlich gut. Das stärkt dein Selbstwertgefühl und wirkt sich positiv auf dein Leben aus. Du treibst Sport, wenn es dir zeitlich möglich ist und Spaß macht, denn du weißt, dass Bewegung für dich und deine Gesundheit wichtig ist. Bewegung baut ja nicht nur Stress ab, sie hält dich auch fit. Aber nur du entscheidest, welche Art von Bewegung dir zusagt. Du tust es nicht, um deinen Körper zu verändern, denn deine Prioritäten sind andere.

Außerdem gibst du deinem Körper die Ernährung, die er braucht, weil du weißt, dass eine ausgewogene Ernährung gut für ihn ist. Dabei sind Schokolade, Pommes und andere Lebensmittel, die allgemein als böse gelten, erlaubt, da du sie so in deine Ernährung integrieren kannst, wie es für dich passt. Dazu brauchst du weder einen besonderen Tag noch einen bestimmten Grund. Du hast eine gesunde Einstellung zu Lebensmitteln, denn du weißt, dass du auf nichts verzichten musst.

Wenn du ein positives Körperbild hast, kannst du dich außerdem gut von unrealistischen Bildern und Idealen, die dir ständig und überall begegnen, distanzieren. Du kannst die Erwartungen der Gesellschaft ignorieren, die dir immer wieder vorschreiben will, wie du auszusehen hast.

Wenn du das alles kannst und du im Reinen mit dir bist, steht es dir frei, dich zu entfalten, weil du das Leben genießen kannst. Du gehst netter mit dir um, und allgemein fällt dir im Leben vieles leichter, weil du nicht ständig nur daran denkst, deinen Körper zu optimieren.

Ein positives Körperbild hängt aber nicht nur davon ab, wie du dich selbst siehst, sondern auch davon, wie wichtig es dir ist, wie andere dich wahrnehmen. Es ist ebenso wichtig, sich davon zu distanzieren (sollen sie doch denken, was sie wollen, es ist dein Körper!) wie auch von den Idealen, die in den Medien dargestellt werden. Wenn du mit deinem Körper im Einklang bist, dann weißt du, dass du gut bist, wie du bist, auch wenn du schlechte Tage oder Phasen hast, in denen du deinen Körper vielleicht auch mal nicht so schön findest.

Es ist nicht schlimm, wenn man sich nicht jeden Tag wohlfühlt. Auch ich habe Tage, an denen ich mich innerlich überhaupt nicht wohl fühle, schon bevor ich mich im Spiegel sehe. Dann reicht ein Blick in den Spiegel, und er bestätigt es mir. Mein Gesicht hat keine Ausstrahlung, jedenfalls keine positive, und ich nehme meinen Körper anders wahr, als er ist. Dann denke ich aber immer wieder an den kleinen Selbstliebe-Rebell, und der hilft mir, positiv zu bleiben und den falschen Idealen, die sich hin und wieder in meinen Kopf schleichen möchten, keine Chance zu geben.

Es ist wichtig, dass man jeden Tag immer wieder, wenn auch unbewusst, daran arbeitet. Du entscheidest darüber, wie du deinen Körper sehen möchtest, was du über ihn denkst, welche Gefühle du ihm gegenüber fühlst und wie sehr du zulassen möchtest, dass andere Einfluss darauf haben. Ich kann dir aus

Erfahrung sagen: Es lohnt sich, auf ein positives Körperbild hinzuarbeiten. Es lebt sich so viel leichter und schöner. Und man begreift die Veränderungen des Körpers als Wunder.

> Du entscheidest über die Gefühle, die du deinem Körper entgegenbringst.

DER KÖRPER VERÄNDERT SICH

Dass der Körper sich im Laufe des Lebens verändert, ist eine Tatsache, die viele nur schwer akzeptieren können. Irgendwo zwischen der Jugend und dem Erwachsenwerden entstehen die ersten Unsicherheiten, egal ob Mann oder Frau.

Ich weiß noch, als ich mit zwölf Jahren auf dem Sofa saß und plötzlich innehielt. An diesem Morgen sah ich zum ersten Mal, dass lange, tiefe Dehnungsstreifen die Innenseiten meiner Oberschenkel zierten, und ich war nicht nur schockiert, sondern zugleich deprimiert. Ich war sehr verwundert, da sie mir vorher nie aufgefallen waren. Kamen die etwa über Nacht? Sie waren mir fremd, ich wollte sie auf keinen Fall haben, und doch war ich intelligent genug zu ahnen, dass ich sie wohl nie wieder wegbekommen würde. Als mir meine Mama dann erzählte, dass diese Streifen an meinem Wachstum liegen, völlig normal seien und bedeuteten, dass ich mich langsam zur Frau entwickle, wollte ich keine Frau mehr werden. Sie versuchte, mich zu besänftigen, indem sie mir versicherte, dass ich nicht die einzige bin, die solche Streifen hat. Da hatte sie Recht, aber das nützte mir nichts. Ich war bereits im zarten Alter von zwölf Jahren traurig, weil ich damals dachte, dass mein Körper zerfällt. Risse waren für mich ein Symbol des Zerfalls, ähnlich einer Wand, die durch Erschütterungen Risse bekommt. Niemand findet solche Erschütterungen positiv. Nicht genug damit, dass ich meinen Bauch und meine Oberarme zu groß, *falsch* proportioniert, zu unpassend zum restlichen Körper fand, nein, ich hatte noch so komische Streifen dazubekommen, und das nur, weil meine Oberschenkel plötzlich auch breiter wurden. In der ersten Zeit nach meiner Entdeckung schaffte ich es irgendwie, nicht allzu oft an sie zu denken. Damit mir das gelang, versuchte ich, meine Beine so selten wie möglich anzuschauen. Mit Fühnzehn fing ich dann aber an, in einer Apotheke zu arbeiten, die teure Cremes gegen Schwangerschafts- und Dehnungsstreifen verkaufte. Das war das erste Mal, dass ich die Schönheitsindustrie unterstützte. Die Creme hat rein gar nichts verändert. Ich habe heute noch exakt die Streifen, die ich vor 13 Jahren entdeckte.

Man kann nichts gegen sie tun, das weiß ich heute, nachdem ich viel Geld ausgegeben habe. Denn die Natur zeigt uns immer wieder, dass sie bestimmt, wie es mit uns weitergeht. Wir sollten diese Tatsache einfach akzeptieren anstatt viel Geld für Cremes auszugeben, die nichts bewirken. Denn wie Falten zeigen auch Dehnungsstreifen, dass wir leben, dass wir wachsen, dass wir uns weiterentwickeln und – im Falle der Schwangerschaftsstreifen – dass wir Leben erschaffen, und das ist doch ein wunderbarer Grund, es zuzulassen, dass unser Körper sich ändert.

> **Dehnungsstreifen und Falten zeigen, dass wir leben.**

Dehnungsstreifen sind das Normalste der Welt. Mir machen sie tatsächlich nichts mehr aus, denn ich weiß, dass jeder Mensch, egal ob mit oder ohne diese Streifen, gut ist, wie er ist. Falls du also auch solche *tiger stripes* (kommt vom Englischen und bedeutet Tigerstreifen) besitzt, dann sei nicht traurig, denn sie gehören zu dir wie deine Arme oder deine Ohren.

> Unser Körper trägt uns durch unser ganzes Leben.

Wenn dir jemand etwas anderes erzählen will, dann wollen sie Geld mit dir verdienen. Doch diese Firmen sind schuld daran, dass wir angefangen haben zu glauben, unsere Dehnungsstreifen seien Makel.

Ich wünsche mir, dass nicht nur wir, sondern auch die Generationen nach uns keine Angst mehr haben vor den Veränderungen unseres Körpers. Denn er begleitet uns und trägt uns durch unser ganzes Leben.

Viele, vor allem junge Menschen, denken, dass es ab einem gewissen Alter keine Rolle mehr spielt, wie man aussieht. Ich bin 49 Jahre alt und im Gegenteil der Meinung, dass das so nicht stimmt. Natürlich ist es schon so, dass es nicht mehr eine so große Rolle spielt, wie man wahrgenommen wird beziehungsweise ob man in den Augen von anderen als schön gilt oder nicht. Zumindest ist es bei mir so. Aber Älterwerden heißt nicht, dass man sich selbst nicht mehr schön finden darf. Der Körper verändert sich, und deswegen ist man für die Gesellschaft im Vergleich zu jungen Menschen vielleicht nicht mehr attraktiv. Ich werde älter, und es macht mir nichts aus. Es ist auch nicht so, dass ich jüngere Frauen als Konkurrenz ansehe, denn ich weiß, dass ich auch in meinem Alter schön bin, wie ich bin.

Meine Tochter und ich waren in der wunderschönen Stadt Neapel im Süden Italiens unterwegs. Lustigerweise dachte sie, da sie es nicht anders gewohnt ist, dass die italienischen Männer mir wieder, wie schon so oft, scharenweise nachschauen würden. Tatsächlich war es aber so, dass dieses Mal sie auf offener Straße immer wieder begutachtet wurde und Komplimente erhielt und nicht ich. Ob es mir etwas ausgemacht hat? Nein, denn ich bin stolz auf sie. Ich weiß, dass wir beide nebeneinander bestehen können, und ich finde mich unabhängig von der Meinung anderer attraktiv. Ich weiß, dass ich gut bin, wie ich bin.

Ewige Jugend interessiert mich nicht, denn ich für meinen Teil finde, dass das Älterwerden nicht nur dazugehört, sondern auch etwas Schönes ist. Man sieht, wie sich der Körper Jahr für Jahr verändert. Viele Menschen – besonders in meinem Alter – fürchten solche Veränderungen und tun alles, um sie aufzuhalten. Ich habe noch nie eine Anti-Falten-Crème gekauft. Ich habe auch schon welche geschenkt bekommen, aber diese teuren Töpfchen blieben fast immer unangetastet. Ich finde es absolut in Ordnung, wenn sich meine Freundinnen solche Cremes kaufen, denn jeder soll es machen, wie er mag. Diese Änderungen bedeuten aber in meinen Augen Leben. Die kleinen Fältchen, die sich um meine Augen entwickelt haben, erzählen Geschichten aus meinem Leben. Ich habe viel gelacht, aber auch viel geweint. Ich habe Positives wie Negatives erlebt, und jeder einzelne Moment hat Spuren hinterlassen. Diese Spuren sind sichtbare Erinnerungen, die ich nicht missen möchte.

Wie die Falten im Gesicht hat die Zeit auch an meinem Bauch und meiner Brust Spuren hinterlassen. Ich habe eine wundervolle Tochter auf die Welt gebracht, die die Autorin dieses Buches ist, und durch diese Schwangerschaft wurde natürlich auch meine Haut gedehnt, kein Wunder, bei einer Zunahme von 26 kg damals. Aber das gehört einfach dazu. Mein Bauch hat so viel durchgemacht und musste immer stark sein über die ganzen vergangenen Jahre und auch heute noch. Dieser Bauch, der so unperfekt perfekt ist. Für manche ist er vielleicht zu groß oder zu rund, für manche zu weich. Aber für mich nicht. Ich mag ihn so, wie er ist, denn er tut so viel für mich. Dass mein Körper sich verändert hat über diese vielen Jahre, ist mir bewusst, und es ist in Ordnung. Denn er hat mir Zeit gegeben, damit klarzukommen und Schritt zu halten. Ich kann ihn nur mit Stolz lieben und danke sagen. Auch im Alter ist man schön. Auch im Alter darf man sich schön fühlen, egal wie viele Spuren die Zeit hinterlassen hat.

NICHT EINMAL DIE KLEIDERGRÖßEN WISSEN, WER SIE WIRKLICH SIND

Jetzt, wo wir über körperliche Veränderungen gesprochen haben, können wir uns darauf konzentrieren, wie viele Menschen sich den Kopf zerbrechen, wenn sie aufgrund einer Zunahme plötzlich zu größeren Kleidergrößen greifen müssen. Ja, auch ich gehörte mal zu den Menschen, die sich verbissen an eine bestimmte Kleidergröße klammerten und keine andere Zahl auf dem Etikett zulassen wollten. Dabei ist eine Kleidergröße nicht einmal sich selbst treu. Sie kommt ja selbst in unterschiedlichen Größen, Formen und Schnitten vor und ist nicht auf eine Person oder einen Typ Körper abgestimmt. Sie passt mir nicht immer und lässt mich manchmal wie eine kleine Presswurst aussehen. Dann darf ich eine Nummer größer tragen, als ich es für gewöhnlich tue! Je nach **Auch Kleidergrößen sind nur Zahlen.** Geschäft fällt die Nummer auf dem Etikett größer oder kleiner aus. Sie kann nichts dafür, und wir, die sie tragen, auch nicht, also müssen wir uns nicht nach ihr richten. Die Modeindustrie muss man nicht verstehen. Wir können uns das Beste aus ihr herauspicken, ändern können wir sie leider nicht.

Ich selbst trage von Größe 34 bis 40 (!) alle möglichen Hosen und habe aufgehört, mich in eine Hose zu quetschen, die mir die Luft abschnürt. Wenn die 38 aus dem H&M nicht passt und die 40 sich gut anfühlt, dann kaufe ich sie und zerbreche mir nicht weiter den Kopf.

Wieso legen wir so viel Wert auf Kleidergrößen? Es sind nur Zahlen, die warum auch immer die Macht haben, Menschen unter Druck zu setzen. Wieso definieren wir uns über diese Zahlen? Was sagen diese Zahlen über deinen Charakter aus? Bist du weniger wert, wenn du größere Größen trägst? Ist deine Freundin, die zwei Nummern kleiner trägt, mehr wert als du? Ganz sicher nicht. Deshalb wiederhole mit mir zusammen:

Kleidergrößen sagen nichts über mich aus.

Kleidergrößen sagen nichts über mich aus.

Kleidergrößen sagen nichts über mich aus.

Es kommt nämlich nicht darauf an, was auf dem Etikett steht, sondern darauf, wie du dich fühlst. Es kommt nicht drauf an, welche Kleidergröße du trägst, sondern wie du sie trägst. Du kannst nämlich Größe 44 und aufwärts tragen und dich trotzdem wahnsinnig gut fühlen, strahlen und das Leben genießen. Ich kenne einige Frauen, die ihre Kleider in „Übergrößen" kaufen und diese so richtig rocken. Eine davon ist meine Freundin Sara, die auf dieser Welt mehr Platz einnimmt als zwei bis drei Laufstegmodels zusammen und trotzdem eine unglaublich tolle Ausstrahlung hat. Für mich ist sie eine große Inspirationsquelle, eben weil sie sich nicht von gesellschaftlichen Normen unterkriegen lässt. Vielleicht kann sie auch euch inspirieren.

Ich heiße Sara Cavalera, trage Größe 44 und finde mich schön. Trotz meiner Kleidergröße finde ich mich schön so, wie ich bin. Ich passe in eine 44, aber ich achte gar nicht mehr auf diese Zahl. Straff war mein Körper noch nie. Ich habe Dellen und Dehnungsstreifen an den Oberschenkeln, und mein Sixpack ist unter einer Fettschicht versteckt. Als halb Spaniern und halb Italienerin bin ich heute extrem stolz auf meine Kurven. Viele andere Frauen machen sich wegen nicht-straffer Haut verrückt. Ich nicht. Ich mag all diese „Makel" genauso wie meine Vorzüge. Denn ich finde es nicht schlimm, nicht perfekt zu sein.

In unserer Social-Media-Welt gibt es nichts Wichtigeres als perfekt zu sein. Jeder will groß und schlank sein, aber natürlich dürfen auch große Brüste und ein schöner Apfel-Po nicht fehlen. Der Teint darf nicht zu hell oder zu dunkel, die Augenbrauen dürfen nicht zu dick oder zu dünn, die Haut muss poren- und pickelfrei sein. Man quält sich, nur um den anderen zu gefallen, doch macht das glücklich?

Genau das wollte ich vor einigen Jahren alles auch. Die erste Diät machte ich mit zwölf oder dreizehn. Die Meinung anderer war mir wichtiger als glücklich zu sein. Mit Beschimpfungen wie *fette Kuh* oder *So will dich niemand!* versuchte man mich zu verändern. Und nach jeder Diät kam die große Enttäuschung: der Jojo-Effekt. Frust und Wut waren nonstop präsent. Mein treuer Begleiter war das Essen, nur so konnte ich mich trösten. Für einen Moment konnte ich dank des Essens meine ganze Wut vergessen.

Irgendwann entschloss ich mich, keine Diäten mehr zu machen, und versuchte, mich mit meiner kurvigen Figur zu akzeptieren, denn auch als ich mein Zielgewicht erreicht hatte, fand ich mich noch zu dick. So begann ich jeden Tag mit einem Kompliment. *Ich mag meine Augen* oder *Ich mag meine Hände*, bis dann der wichtigste Satz kam: *Ich mag mich.* Ich schaute mich an, und akzeptierte mich endlich. Ich fand mich endlich schön und richtig so, wie ich bin. Ich musste nicht meinen Körper verändern, sondern die Liebe zu mir selbst aufbauen.

Glaub nicht, dass das so ruck-zuck geht. Es ist ein Kampf. Man kämpft gegen böse Gedanken, und man kämpft für sich allein. Man kämpft für sein eigenes Glück, denn was gibt es Wichtigeres und Schöneres, als glücklich zu sein? Wir Frauen zerbrechen fast daran, wenn wir die Jeans eine Nummer größer kaufen müssen. Ich erinnere mich an einen Shoppingtag bei H&M mit einer schlanken Freundin. Sie brauchte eine neue Hose. Sie war völlig fixiert auf Größe 36. Für sie war es fast entwürdigend, eine 38 zu kaufen. Macht dich eine 42 zu einem schlechteren Menschen? Ist dein Herz weniger gut, wenn du eine 44 trägst? Nur weil ich eine größere Größe trage, bin ich nicht weniger wert als andere. Viele haben das Gefühl, dass eine Zahl auf der Waage oder auf einem Etikett den Wert einer Person bestimmt. Doch ich finde es viel wichtiger, das Herz am richtigen Fleck zu haben und nicht nur sich selbst, sondern auch andere so zu akzeptieren, wie sie sind.

Definiere dich und andere nicht anhand von Zahlen und Aussehen, schau auf das Herz, auf die inneren Werte. Heute, mit meinen 26 Jahren, liebe ich meinen kurvigen Körper so, wie er ist. Meine Beine, die ich früher so hasste, schätze ich heute umso mehr, denn sie bringen mich jeden Tag von A nach B. Auch meine kräftigen Arme sind richtig so, wie sie sind, denn ich kann damit die Menschen umarmen, die mir nahestehen und mich lieben. Mein großer Po und meine breiten Hüften liebe ich, weil ich damit wie eine Latina tanzen kann. Selbstliebe kann jeder Mensch fühlen, man muss nur die Augen und das Herz öffnen. Denk daran: Du bist dein lebenslanger Partner, warum solltest du dich also nicht lieben?

HILFE, MEINE HOSE PASST NICHT MEHR!

Als ich mein niedrigstes Gewicht erreicht hatte, dachte ich, ich würde es nun für immer halten. Ich war fest entschlossen, so dünn zu bleiben. Ich war wirklich felsenfest davon überzeugt. Nie, absolut nie, wäre mir in den Sinn gekommen, dass ich irgendwann wieder zunehmen und ein paar Nummern größer tragen würde. Was habe ich also gemacht? Etwas sehr Dummes. Meine alten Hosen waren alle zu groß, keine einzige passte mehr, also musste ich mir ein paar neue kaufen. Da ich überzeugt war, dass ich die alten Hosen nie mehr brauchen würde, habe ich sie alle mit Freude weggegeben. Blöd nur, dass ich sie irgendwann wieder brauchte, da ich wieder zunahm.

Als dann die ersten Hosen in den kleinen Größen zu kneifen begannen, breitete sich Unwohlsein in mir aus. Ich wollte nicht wahrhaben, dass ich zugenommen hatte. Als es mir dann doch irgendwann richtig bewusst wurde, waren erneute monatelange Abnehmversuche die Folge. Mein Gewicht ging hoch und runter. Ich wollte wieder in eine 32 passen, und das um jeden Preis. Obwohl ich viel unternommen habe, um wieder dorthin zu gelangen, hatte ich keine Chance. Das Gewicht wollte sich nicht mehr dort einpendeln. Also kaufte ich mir ziemlich bald eine neue Hose, dann irgendwann noch eine und so weiter. Trotzdem wollte ich einfach nicht akzeptieren, dass ich zugenommen hatte und weiter zunahm.

Aber wieso sollte man sich wegen Kleidern und Größen verrückt machen? Irgendwann, nach einem ermüdenden Kampf gegen die Kilos, musste auch ich das begreifen. Außerdem habe ich damals etwas gelernt, was ich heute auch vielen meiner Leserinnen und Leser sage, die unbedingt in die alten Kleider passen möchten: Es ist nützlich, Sachen in verschiedenen Größen zu besitzen. Du weißt nie, was das Leben bringt, und deshalb ist es gut, auf alles vorbereitet zu sein. Manchmal kann man solche Veränderungen nicht aufhalten oder beeinflussen, und vorhersehen kann man sie sowieso nicht.

Klar ist es blöd, wenn das Lieblingskleid nicht mehr passt. Aber wie so oft im Leben muss man lernen, Veränderungen willkommen zu heißen und zu akzeptieren. Vielleicht ist es an der Zeit, ein neues Lieblingskleid zu finden. Wer weiß, vielleicht passt das andere dann irgendwann wieder? Und wenn nicht, dann eben nicht. Um den Geldbeutel zu entlasten und einen erneuten Shopping-Ausflug zu umgehen, behält man seine Lieblingshosen in unterschiedlichen Größen einfach. Seit ich weiß, dass ich mir nicht mehr den Kopf zerbrechen muss, weil gerade Hosen und Hosenkaufen das leidigste Thema bei mir ist, machen mir Gewichtsschwankungen noch weniger aus. Zugegeben, ich habe nur noch zwei Hosen in Größe 32, obwohl es, wenn ich realistisch bin, unmöglich ist, jemals wieder in so enge Hosen zu passen. Ich hatte dafür ja kaum mehr gegessen und übertrieben viel Sport gemacht. Diesen Lebensstil werde ich aber nie wieder haben.

Und das ist absolut okay. Wie bereits erwähnt, sagen Kleidergrößen nichts über mich und nichts über dich aus. Es sind nur Zahlen. Falls du also Angst vor einer möglichen Zunahme hast, weil du dann neue Kleidung kaufen musst, dann sollst du eines wis-

> **Kleidergrößen sagen nichts über mich und nichts über dich aus.**

sen: Kleidung gibt es in unterschiedlichsten Größen, und es ist absolut keine Schande, wenn du zu anderen Größen greifen musst. Heute gibt es so viele Läden, Marken, Muster, Schnitte für so viele unterschiedliche Menschen. Wir sind nun mal nicht alle gleich gebaut, und nur weil du vielleicht glaubst, dass du möglichst wenig Raum auf dieser Welt einnehmen solltest, heißt das nicht, dass das stimmt und tief in dir weißt du das auch.

NACH DER SCHWANGERSCHAFT IST NICHT VOR DER SCHWANGERSCHAFT

Wenn ein Kind seine Mutter beschreiben müsste, was würde es sagen? Dass ihre Haut nicht straff ist? Dass ihr Busen nicht prall ist? Kinder lieben ihre Mamas, egal wie sie aussehen.

Diesen Text habe ich für alle Frauen geschrieben, die bereits Kinder geboren haben, aber natürlich auch für die, die gerade schwanger sind, und auch für die, die es früher oder später sein möchten.

Ich finde alle Mütter bewundernswert: Sie haben Wunder vollbracht. Wegen dieses Wunders mussten sie einige körperliche Veränderungen durchmachen und haben oft mit ihrem Alltag als frische Mama zu kämpfen. Mamis sind in meinen Augen Superheldinnen, und dafür müssen sie nicht einmal die Welt gerettet haben. Sie sind Heldinnen allein des-

> Alle Mütter haben ein Wunder vollbracht.

IN NUR ZWEI SCHRITTEN ZUM PERFEKTEN BIKINI BODY

Voraussetzung, um überhaupt einen Bikini Body zu haben, ist, dass du einen Körper besitzt. Denn ohne Körper kannst du keinen Bikini anziehen. Klingt logisch, oder? Den Körper besitzt du schon, deshalb gehen wir gleich zu Schritt zwei. Ach nein, warte, fast hätte ich es vergessen: Es gibt keine Bikini-Body-Checkliste, aus der du erfährst, welche Körper mit welchen Eigenschaften es verdient haben, einen Bikini zu kaufen, und welche nicht. Da wir das nun geklärt haben, gehen wir direkt zu Schritt Zwei.

--------------------------------- ---------------------------------

Kaufe einen Bikini, und zwar den, den DU möchtest. Einen, der DIR gefällt. Du denkst, dass du nicht verdient hast, so einen Bikini zu kaufen geschweige denn anzuziehen? Frag dich mal, wieso. Es gibt keinen Grund dazu, denn Makel sind, wie du nun weißt, erfunden worden, um Geld zu verdienen, und nicht, weil mit dir oder deinem Körper etwas nicht in Ordnung ist. Dein Körper hat keine Makel, und er ist auch nicht zu dick, um Bikinis zu tragen. Wenn dir aber Badeanzüge lieber sind, ist das natürlich auch okay. Alles ist gut, solange du dich nicht den ganzen Sommer versteckst.

P.S. Falls du die Blicke von anderen fürchtest, dann denk immer an den Selbstliebe-Rebell. Du darfst. Du bist genug. Immer.

wegen, weil sie neun Monate lang Kinder in sich trugen und diese dann aus eigener Kraft auf die Welt bringen. Sie sind es, die alles ertragen und meistern, was eine Schwangerschaft und das Leben mit Kindern so mit sich bringt. Von Müttern weiß ich, dass viele Veränderungen echt nicht ohne sind. Ich zum Beispiel habe große Angst vor Übelkeit und Erbrechen, und wenn ich mir vorstelle, dass ich in meiner Schwangerschaft irgendwann darunter leiden könnte, wird mir heute schon flau.

Müssen Mütter zusätzlich zu diesen Belastungen auch noch möglichst schnell einen ästhetischen Körper zurückzuerobern? Was auch immer „ästhetisch" hier bedeuten mag, denn unter Schönheit versteht jeder etwas anderes. Doch die unausgesprochenen Ideale und Erwartungen sind den meisten Mamas bekannt: Die in der Schwangerschaft zugenommenen Kilos müssen sie ganz schnell wieder loswerden, den Bauch straffen, Schwangerschaftsstreifen wieder unsichtbar werden lassen. Und wenn man es sich leisten kann, müssen sie auch mithilfe chirurgischer Eingriffe dafür sorgen, dass die Brüste wieder voller sind beziehungsweise nicht mehr so schlaff runterhängen. Man kann sich übrigens auch Bauchnabel und Brustwarzen neu platzieren, die Schamlippen verkleinern oder die Vagina straffen lassen. Verrückt, wozu die Schönheitschirurgen heute fähig sind, oder?

Früher war das undenkbar, denn wir hatten nicht die medizinischen Möglichkeiten dazu. Wie haben es die Mütter denn früher gemacht, vor fünfzig oder hundert Jahren? Hatten sie auch schon solche Sorgen? Gab es bereits diese Ideale? *Mommy Makeover* heißt übrigens der Trend, der aus den USA zu uns kam und der Frauen dazu ermutigt, die Spuren, die eine Schwangerschaft hinterlässt, operativ rückgängig zu machen Dafür benötigt man aber viel Geld, und das hat nicht jeder. Muss auch nicht jeder haben. Denn jede Mama ist gut so, wie sie ist.

Ich weiß nicht, wann das mit dem Druck des perfekten After-Baby-Körpers genau begonnen hat, und vor allem, wer auf die Idee gekommen ist, so hohe Ansprüche an Mütter zu stellen. Aber die Erwartungen an Frauen, die Kinder geboren haben, sind in unserer Gesellschaft tatsächlich wahnsinnig hoch. Nur weil die Stars und Sternchen dieser Welt es sich leisten können, jemanden zu bezahlen, der dafür sorgt, dass der frühere Körper wiederhergestellt wird und fast wie vor der Schwangerschaft aussieht, heißt das nicht, dass jede Mama diesem verrückten Ideal folgen muss. Ich sehe nicht ein, wieso eine Frau nach der Schwangerschaft aussehen soll wie vorher. Trotzdem kann ich es verstehen, wenn sich Frauen angesichts dieses Drucks mies fühlen, wenn sie einsehen, dass die körperlichen Veränderungen nicht mehr vollständig rückgängig gemacht werden können.

Wieso aber haben wir so hohe Erwartungen an den Körper einer frischgebackenen Mutter? Mich interessiert, wie und wo solche Ideale entstehen. Gegen die Ideale zu rebellieren ist einfacher, wenn wir wissen, woher sie kommen. Denn es ist wichtig zu verstehen, dass man nicht viel dafür kann, wenn man sich schlecht fühlt. Es sind wie immer die Gesellschaft und die Medien, die einem dieses schlechte Gefühl geben. Ich bin überzeugt, dass sie eine große Mitschuld tragen an dem Druck, der auf Mütter ausgeübt wird, weil sie die unerreichbaren Ideale mit Sätzen und Artikeln wie „Wow! Nach nur sechs Wochen ist ihr Körper wie vor der Geburt. So erhältst auch du den perfekten After-Baby-Body!" forcieren.

Zum anderen müssen wir einfach einsehen, dass auch wir als Teil der Gesellschaft unseren Teil dazu beitragen, dass sich viele Frauen nach der Schwangerschaft unwohl fühlen und sich insgeheim wünschen, sie könnten wie früher aussehen. Dazu gehören aber auch die Frauen und Mütter selbst, weil sie zu selbstkritisch sind und Dinge von ihrem Körper erwarten, die unmöglich zu erreichen sind. Genau diese Haltung geben sie dann weiter, und so werden diese Ideale noch mehr bestärkt.

Zwar bin ich selbst keine Mutter, aber ich habe schon oft mitbekommen, dass unter den Müttern eine Art Konkurrenzkampf herrscht. Wer kann es sich finanziell, aber vor allem zeitlich leisten, den Körper wieder in Topform zu bringen, und wer nicht? Ich kann dieses Mal zwar nicht aus eigener Erfahrung sprechen, aber ich kann von mir behaupten, dass ich niemals auf die Idee kommen würde, einer Mutter zu sagen, dass sie nur Ausreden sucht, um auf der faulen Haut zu liegen (weil die Mamas ja so viel Zeit haben, um faul zu sein), sich nicht sportlich zu betätigen, sich sinnlos Pfunde anzufuttern, weil sie angeblich mehr isst als nötig, und was sie sich sonst noch anhören müssen. Das waren nur ein paar der Vorurteile, von denen mir Mütter aus meinem Umfeld berichteten, als ich mich für dieses Kapitel umgehört habe. Auch ein Klassiker: „Schade, dass sie sich gehen lässt, nur weil sie Mutter ist."

Wie bitte kommt man auf die Idee, dass man einer Frau so etwas sagen darf? Der Körper verändert sich so oder so. Das lässt sich kaum aufhalten.

Das letzte, woran eine werdende Mutter denken muss, ist, ob ihr Körper anderen gefällt oder nicht. Sie sollte überhaupt keinen Gedanken daran verschwenden, denn ihr Körper ist ihre Sache und hat niemanden zu interessieren. Man kennt auch die Hintergründe und das

Das letzte, woran eine werdende Mutter denken muss, ist definitiv, ob ihr Körper anderen gefällt oder nicht.

Leben einer Person nicht, wenn man vorschnell urteilt. Außerdem ist es das Normalste der Welt, dass sich ein Körper während der Schwangerschaft verändert, ein Baby wird schließlich größer und größer und braucht dementsprechend viel Platz. Sicher gibt es Frauen, denen man die Veränderung nicht so sehr ansieht, aber das heißt nicht, dass das bei jedem Frauenkörper so ist. Jede Frau ist individuell.

Veränderungen anzunehmen ist nicht nur für Mamas und werdende Mamas alles andere als einfach. Es fällt mir schwer, Tipps zu geben, wie es funktionieren kann, aber ich möchte, dass du weißt, dass du immer gut bist, wie du bist, egal ob mit oder ohne Kind, egal ob schwanger oder nicht. Falls du Kinder haben solltest, dann versuche dich doch mal durch die Augen deiner Kinder zu sehen. Denn die lieben dich genau so, wie du bist.

danielmariagrgic

Liebe Leserinnen und Leser, ich möchte euch ein bisschen von meiner Geschichte als zweifache Mama erzählen. Mit meiner kleinen Familie lebe ich in der Schweiz, habe italienische Wurzeln. Mein Körper hat sich im Laufe meines Lebens schon x Mal verändert. Das erste Mal in der Pubertät, in der meine „Problemzonen" entstanden: meine Kurven wie auch mein großer Busen.

Im Mai 2011 bekam ich die wohl schönste Nachricht auf Erden, wir erwarteten unser erstes Kind. Es interessierte niemanden, wie viel ich wog, sondern nur, wie viele Kilos ich während meiner Schwangerschaft schon zugelegt hatte und wie groß der Bauchumfang ist. Ich war erlöst vom Druck, aber sogar während der schönsten Zeit im Leben einer Frau drehte sich noch immer alles um das Gewicht.

Am Ende der Schwangerschaft hatte ich gar nicht so viel zugenommen (11 kg). Gewichtsmäßig war ich zufrieden, aber das Schrecklichste war, mit den Proportionen klarzukommen. Plötzlich hatte ich viel breitere Schultern, eine schmalere Taille, dickere Beine und Arme. Mein Inneres Ich war zutiefst unglücklich. Ich fing mit diversen Diäten an, fing wieder an zu tanzen, und mit meiner Tochter war ich mindestens zwei Stunden am Tag draußen. Es änderte sich rein gar nichts an meinem Körper. Ich war gestresst, und diesen Frust ließ ich an jedem aus, der mir über den Weg lief.

Die Zeit verging wie im Flug, und auf einmal, ohne Diäten oder Fitnesswahn, hatte ich abgenommen, und es war mir nicht einmal bewusst. Bald kam dann auch unser Sohn zur Welt.

Nach der zweiten Schwangerschaft war ich mit meinem Körper fast rundum zufrieden. Mein Gewicht war ideal, meine Haare und meine Haut wunderschön. Aber trotz all dieser positiven Tatsachen war ich unglücklich, das Strahlen in meinem Gesicht fehlte.

Der folgende Sommer im Freibad war für mich der absolute Horror. Mittlerweile hatte ich wieder zugenommen. Es störte mich sehr, vor allem die feindseligen Blicke und unnötigen Fragen: „Wann ist denn dein Sohn zur Welt gekommen", „Hast du das Gewicht der Schwangerschaft immer noch nicht verloren?" Demütigend, verletzend und beschämend!

Es war mir nicht bewusst, aber ich veränderte mich sehr. Ich verkroch mich und setzte mich immer mehr unter Druck. Aber dadurch war ich noch unglücklicher. Außerdem habe ich eine sehr unschöne Narbe von den Kaiserschnitten. Die ist mir noch heute ein richtiger Dorn im Auge, aber mittlerweile kann ich besser damit umgehen.

Früher war Shopping immer meine Leidenschaft. Jetzt war Outfits zusammenstellen, kombinieren, ausprobieren wie eine Fahrt in die Hölle. Jahrelang verkroch ich mich in der Umkleide, und außer meiner Mama durfte mich niemand sehen. Den Druck machte ich mir selbst wegen der sozialen Medien, des Fernsehens und der dort vermittelten Schönheitsideale. Es wurde nicht besser, denn als Vollzeit-Mami soll man nicht nur den „perfekten" Körper nach der Schwangerschaft, nein, man muss auch die „perfekte" Ehe sowie auch die „perfekten" Kinder haben. Ich überlegte ständig, was läuft denn da mit meinem Leben schief? Schreien denn nur meine Kinder im Supermarkt nach Schokolade? Rauben nur meine Kinder mir den Schlaf? Habe nur ich Diskussionen und Differenzen mit meinem Mann? Bin ich wirklich so anders, oder sind andere einfach oberflächlich?

Letztes Jahr bin ich an Pfeifferschem Drüsenfieber erkrankt. Diese Zeit hat mich viel Kraft gekostet, aber ich habe mich endlich den wichtigeren Dingen im Leben gewidmet, vor allem, mich selbst zu lieben und zu schätzen, wie ich bin. Ich bin so froh, dass ich diese Zeit durchgestanden habe und dass sich so viele Menschen so liebevoll um mich gekümmert haben. Eine schwierige Zeit hat nicht nur Negatives, dank den Blogposts zu Bodypositivity von Morena konnte ich mich Stück für Stück mehr akzeptieren so, wie ich bin.

Aber eine große Wende konnte ich diesen Sommer in unserem Familienurlaub erleben. Von Bikini über Hotpants bis hin zu Kleidern habe ich alles getragen und auf nichts verzichtet. Im Gegenteil, ich habe alle Gerichte probiert, auf die ich Lust hatte. Ich dachte mir: Hey, du bist nur drei Wochen hier. Das Erstaunlichste an der ganzen Sache war, dass ich in diesem Urlaub kein einziges Gramm zugenommen, mich so sehr erholt, entspannt und amüsiert habe mit meiner Familie, dass ich mich so sicher und geborgen gefühlt habe wie noch nie. Mein Mann hat mich, egal wie, immer geliebt und mir das auch immer zu spüren gegeben. Aber dieses Jahr habe ich bemerkt, wie wichtig Selbstliebe ist.

In der italienischen Kultur wird Essen sehr groß geschrieben. Ich persönlich verbringe meine Freizeit in der Küche. Es ist meine Art mich zu entspannen, wenn ich neue Gerichte oder Desserts ausprobieren kann, eine meiner größten Leidenschaften und die beste Art, mich auszudrücken. Ich liebe Pasta und Pizza. Warum soll ich darauf verzichten?

Seit der Geburt unseres ersten Kindes sind bald sechs Jahre vergangen, und heute habe ich eine komplett andere Einstellung zu dem Ganzen. Ich habe zwei wundervolle Kinder zur Welt gebracht, und meinem Körper sieht man das auch an, aber genau das ist es, was mich ausmacht. Durch meine Kinder habe ich Schwangerschaftsstreifen und neue Kurven, aber meine wunderbaren Kinder wachsen von Tag zu Tag dank meines Körpers. Und das soll euch immer den Mut geben, euch so zu mögen, wie ihr seid. Wir Mütter haben keine Opfer gebracht, wie viele behaupten, wir schaffen immer wieder neue Wunder.

ÜBUNG: DU UND DER SPIEGEL

Wenn du in den Spiegel schaust und deinen Körper nackt siehst, kannst du ihn dann betrachten, ohne ihn gleich zu bewerten?

Ich weiß nicht, wo du dich gerade befindest. Falls du zu Hause bist, könntest du die Chance gleich nutzen und die folgende Übung machen. Wenn du unterwegs bist, dann mach sie, wenn du heimkommst. Mach sie jedoch erst, wenn du dich bereit fühlst. Nicht vergessen, okay? Denn ich wünsche mir von dir, dass du sie auf jeden Fall machst, egal wie schwer sie dir fallen und wie viel Überwindung und Mühe sie dich kosten wird. Ich habe sie auch gemacht, immer und immer wieder. Sie hat mir geholfen, meinen Körper anzunehmen mit all seinen angeblichen Makeln. Ich sage bewusst *angeblich,* weil ich – wie du weißt – nicht an Makel glaube. Jedenfalls war es am Anfang auch für mich nicht einfach.

> **ÜBUNG:** Stell dich nackt vor den Spiegel und versuche, ohne Wertung deinen Körper einfach nur anzuschauen und nur zu beobachten, was du siehst.

Die Übung ist ganz simpel: Ich möchte, dass du dich unbekleidet im Spiegel anschaust. Versuche es! Wir sind alle nackt geboren, und unser Körper ist das Natürlichste auf der Welt. Besonders Frauen, die sich gerne schminken, schauen jeden Tag ihre Augen oder Lippen im Spiegel an. Und ganz oft, ohne dass es uns bewusst ist, sehen wir unsere Hände, sie befinden sich immer in unserem Sichtfeld. Denn wir brauchen sie für so vieles: zum Schreiben, zum Klatschen, um Dinge zu bewegen, um etwas zu öffnen und zu schließen. Wir brauchen sie, damit wir andere, aber auch uns selbst berühren können. Sie sind für uns enorm wichtig. Aber auch der restliche Körper, so wie er ist, tut so viel viel für uns! Warum also bereitet es vielen von uns Mühe, ihn nackt zu betrachten? Was ist bei ihm anders als bei den Händen? Es kann unmöglich nur an den angeblichen Makeln liegen. Der Körper ist, anders als die Augen, die Lippen und die Hände, nicht immer sichtbar. Wir tragen den ganzen Tag, das ganze Jahr über Kleidung. Unsere Hände anzuschauen bereitet uns kaum Probleme.

Doch wenn wir unseren Körper betrachten, empfinden wir häufig Scham. Außerdem wird vor allem der weibliche, inzwischen aber auch der männliche Körper, stark sexualisiert. Dies liegt zum einen daran, dass wir ihn als (Sex-)Objekt sehen, und Sex ist in den Augen vieler mit Scham verbunden. Zum anderen sind die Bilder von nackten Körpern in den Medien bearbeitet und idealisiert, sodass wir denken, im Vergleich dazu hätte es unser Körper nicht verdient, sich unverhüllt zu zeigen, weil er nicht so aussieht wie diese *idealen* Bilder, die uns täglich begegnen. Unternehmen und Medien benutzen nackte Haut, um Geld zu generieren, denn der altbekannte Spruch „Sex sells", also sinngemäß „Mit Sex verkauft man besser.", ist leider wahr. Aber du darfst deinen Körper zeigen, und du darfst ihn schätzen und lieben lernen, auch wenn er nackt nicht so aussieht, wie du es anderswo immer wieder gezeigt bekommst.

Stelle dich also nackt vor einen Spiegel. Vielleicht gehörst du zu denen, die sich schämen, weil man sich schon ein bisschen ausgestellt fühlt, auch wenn man ganz allein ist. Vielleicht graut es dir schon allein bei dem Gedanken, dass du dich nackt betrachten sollst. Vielleicht merkst du, wie sich ein Widerstand in dir regt. Aber Mutigsein lohnt sich auch dieses Mal.

Was siehst du? Versuche genau wahrzunehmen, was du siehst, ohne zu sagen, ob dir gefällt, was du siehst. Versuche, deinem Körper gegenüber neutral zu sein. Es ist erst dann eine Wertung, wenn deine Beobachtungen mit negativen Adjektiven wie *schön, hässlich, gut, doof* usw. einhergehen oder wenn du öfter das Wörtchen „zu" gebrauchst: *zu* groß, *zu* klein, *zu* dick, *zu* dünn usw.

Die Übung wird dir vermutlich am Anfang nicht leicht fallen, weil wir uns so sehr daran gewöhnt haben, Dinge, die wir an uns sehen, sofort zu bewerten. Wenn du zum Beispiel deine Brüste anschaust, kann es sein, dass du sofort unbewusst wertest, auch wenn du dir fest vorgenommen hast, es nicht zu tun, und Dinge denkst wie:

Ich habe zu kleine Brüste.

Ich habe Härchen um meine Brustwarzen, die meine Brüste unschön aussehen lassen! (ja, es gibt tatsächlich einige Frauen, die dort Härchen haben, auch wenn man nie davon hört und es nirgendwo sieht)

Ich habe kleine, unschöne Pickel auf meinen Brüsten.

Eine Brust ist kleiner als die andere.

Meine Brüste sind so schlaff.

Vielleicht bist du auch mit deinen Brüsten unzufrieden, dafür aber mit anderen Körperteilen weniger. Ich habe die Brüste nur als Beispiel genommen, das Gleiche kann man genauso mit den Hüften, mit dem Bauch, mit den Armen und vielen

Beschreibe, was
du siehst, ohne
zu urteilen.

anderen Körperteilen machen. Man findet immer etwas, worüber man meckern kann. Der Sinn dieser Übung ist zu lernen, den Körper neutral zu betrachten, ohne zu werten. Wenn du also vor dem Spiegel stehst und dich anschaust, wirst du Dinge finden, die du an dir magst, so wie du auch Dinge finden wirst, die du nicht magst. In diesem Moment ist beides unwichtig. Es kommt darauf an, zu beschreiben, was du siehst, ohne zu beurteilen, ob das, was du siehst, gut oder schlecht ist.

Ich musste das ebenfalls trainieren, und ich kann sagen, dass mir das mittlerweile gut gelingt. Wenn ich dann sehe, dass mein Bauch wieder etwas größer und meine Beine etwas fülliger geworden sind, dann verspüre ich keine Scham mehr. Ich denke dann: „Oh, da hat sich wieder etwas getan.", nicht mehr und nicht weniger. Wenn mir dagegen etwas sehr gut gefällt, wenn ich mich richtig schön fühle, dann kann ich meine Neutralität auch ablegen: *Wow, heute strahlst du richtig! Wie schön du aussiehst!* Und das ist wunderbar! Es tut richtig gut.

Natürlich finde ich manchmal gewisse Stellen nicht so toll. Wenn sich durch hormonelle Veränderungen gerade Pickel am Dekolleté oder auf den Schultern bilden, denke ich mir in den ersten Sekunden: *Oh nein, muss das sein? Das sieht nicht schön aus.* Aber ich weiß, woher diese Gedanken kommen, denn Pickel gelten allgemein als Makel, und da es unzählig viele Mittel auf dem Markt gibt, um diese verschwinden zu lassen, hat man schnell das Gefühl, dass sie hässlich sein müssen. Ich erinnere mich aber dann kurz daran, dass der Körper seine Gründe haben wird, weshalb diese Pickel da sind, und dann ist dieses Thema für mich auch gegessen.

Den Körper neutral anzuschauen mag für viele eine richtig schwierige Übung sein, es ist aber alles eine Sache des Trainings und der Einstellung, an der man eben täglich arbeiten muss. Du wirst sehen, ganz allmählich wird deine Art, dich anzuschauen, immer sachlicher, neutraler und vor allem toleranter werden. ♥

JANUAR 2014

Ich hatte mich gleich nach Weihnachten für eine Challenge angemeldet, die Anfang des Jahres startete, in der Hoffnung, wieder abzunehmen. Die Aussagen, dass ich zugenommen hätte, begleiteten mich immer im Hinterkopf. Auch der Blick in den Spiegel war nicht zufriedenstellend, also probierte ich zum x-ten Mal ein Programm aus. Es war ein Wettbewerb, bei dem man Preise gewinnen konnte. Mir ging es aber nicht um die Preise. Ich wollte den Ehrgeiz und die Disziplin vom Vorjahr wieder zurück haben. Ich war immer noch nicht bereit, diese schlanke Figur, die ich mir im Sommer erarbeitet hatte, aufzugeben. Ich wollte allen und mir selbst zeigen, dass ich es immer noch draufhatte, dass ich immer noch dazugehören konnte zum Club der Schlanken und Sportlichen. Ich müsste mich einfach nur wieder etwas mehr anstrengen und nicht ständig die Kontrolle über das Essen verlieren. So klammerte ich mich wieder an einem Programm fest, das versprach, *das Beste* aus sich herausholen zu können.

Bei diesem Wettbewerb gewannen die Frauen, die das beste Vorher-Nachher-Bild zeigten, das heißt, die Frauen mit der krassesten körperlichen Veränderung. Denn Veränderungen bedeuteten Disziplin. Und Disziplin, um abzunehmen, wird heute sehr hoch geschätzt. Was erwartet wurde? Ein sexy Bauch, so stand es zumindest in der Beschreibung. Doch was ist sexy? Wer definiert, was ein sexy Bauch ist? Der Bauch war immer meine größte „Problemzone", also würde es für mich noch schwieriger werden.

> Wer definiert, was ein sexy Bauch ist?

Da ich nicht genau wusste, wie viel Sport und wie viel gesunde Ernährung nötig waren, um die bestmögliche Veränderung zu erreichen, habe ich wieder alles gegeben. Ich habe mich wieder mal selbst wie eine Zitrone ausgepresst, mehr, als gut für mich war.

Ich konnte während dieser zwei Monate – ich weiß heute noch nicht wie – Essanfälle komplett unterdrücken. Ich hatte nicht einen einzigen Essanfall. Außerdem ging ich, wenn immer möglich, vor oder nach der Schule täglich ins Fitness-Studio. Wieder einmal waren Kohlenhydrate größtenteils tabu, denn ich war überzeugt davon, dass die Ergebnisse ohne den Verzehr dieser Lebensmittel besser sein würden. Wie das ganze endete?

11 SEI DEINEM KÖRPER DANKBAR

Wofür bist du deinem Körper dankbar?

Etwas, was mir dabei geholfen hat, meinen Körper im Lauf der Zeit neutral zu betrachten, ist Anerkennung und Dankbarkeit für seine Funktionen. Erinnerst du dich an das Gedankenexperiment, das ich euch im Vorwort vorgestellt habe? Wir tendieren viel zu oft dazu, den Körper nach seinem Aussehen zu beurteilen. Dabei sind wir erstens mehr als unsere Hülle, und zweitens ist er imstande, Dinge zu tun, die uns zwar selbstverständlich erscheinen, für die wir ihm aber nicht dankbar genug sind. Vielleicht auch, weil wir durch seine Äußerlichkeiten abgelenkt werden und es deshalb nicht für nötig halten, ihm etwas Gutes abzugewinnen. Dabei kann er so vieles. Deine Beine und Füße bringen dich von A nach B, sie gehen mit dir überall hin, egal wo. Deine Arme erlauben es dir, anderen Menschen Nähe und Liebe zu geben, indem du sie ganz fest umarmen kannst. Dein Körper besitzt nicht nur die Arme dazu, sondern auch Kraft. Du hast die Kraft, Menschen zu zeigen, wie sehr du sie magst.

Wie mit einer Umarmung kannst du Menschen auch mit deinen Händen wissen lassen, wie sehr du sie magst, indem du sie berührst. Deine Haut kann sowohl Kälte als auch Wärme, aber vor allem auch Nähe und Zärtlichkeit spüren. Deine Augen schenken dir eine wunderbare Sicht auf alles Mögliche, und du wirst staunen, wie intensiv und anders du die Schätze dieser Welt wahrnehmen kannst, wenn du im Reinen mit dir bist. Deine Zunge lässt dich die unterschiedlichsten Geschmäcker schmecken und das Essen dadurch genießen. Dazu musst du einfach ganz bewusst und langsam essen. Denn wenn du möglichst schnell fertig sein möchtest oder während des Essens mit dem Handy, TV oder sonstwas beschäftigt bist, nimmst du die Funktion deiner Zunge – die Geschmacksempfindung – gar nicht richtig wahr. Deine Ohren lassen dich Stimmen von Personen, die du liebst, und Musik hören.

Ohne deine Gelenke, Sehnen und Bänder könntest du dich gar nicht bewegen, du könntest weder vor Freude hüpfen noch mit Leidenschaft tanzen. Du hast Organe, die für dich unglaubliche Dinge tun, und diese Organe brauchen nun mal Platz. Wenn du also nach dem Essen einen größeren Bauch hast, dann denk daran, dass da Organe sind, die gerade für dich arbeiten. Ich könnte noch viel mehr aufzählen und vielleicht kommen dir noch weitere Dinge in den Sinn, für die du dankbar bist. Mache sie dir bewusst.

Eine Sache hätte ich aber noch, und zwar eines der wichtigsten Organe überhaupt: Das Herz. So lange dein Herz pumpt, lebst du. Doch auch wenn dein Herz stark ist und vieles aushält, ist es wichtig, dass du gut zu ihm bist, denn dein Herz mag es nicht, wenn du ständig traurig, unzufrieden und un-

Sei gut zu deinem Herzen.

ter Druck bist. Der Stress, der durch diese unangenehmen Gefühle verursacht wird, macht sich vielleicht noch nicht heute bemerkbar, aber später ganz sicher. Denn viele wissen nicht, dass er vor allem beim Herz seine Spuren hinterlässt. Es ist also ganz wichtig, dass du deinem Körper nicht nur dankbar bist, sondern auch, dass du Sorge für ihn trägst, damit er weiterhin seine Arbeit gut machen kann.

Ich wusste lange nicht, ob ich es wagen soll, über meine Essstörung zu sprechen. Mittlerweile ist das Thema Essstörungen nicht mehr so tabu, wie es früher einmal war. Trotzdem redet man nicht gern darüber. Wieso? Weil Essstörungen etwas ziemlich Persönliches sind und sehr viel über einen Menschen aussagen. Doch definiert man sich über eine Essstörung? Ist man eine Essstörung, nur weil man eine Essstörung hat? Sobald jemand von deiner Essstörung weiß, schaut er dich anders an, geht anders mit dir um. Vorsichtiger. Analytischer. Mitfühlender. Hilfsbereiter. Eine Essstörung verläuft bei jedem anders, und doch verbinden die Symptome unzählig viele Menschen auf dieser Welt. Ich habe es gewagt, mich der Welt zu öffnen und über meine Leiden zu schreiben, und stieß entgegen meinen Erwartungen auf viel Zuspruch. Damals hätte ich nicht gedacht, dass ich damit auch nur einer Person helfen würde, geschweige denn, dass ich mir jemals selbst helfen könnte.

Ich hatte es nicht mehr für möglich gehalten, glücklich zu werden. Denn jedes Mal, wenn ich dachte, ich sei auf dem richtigen Weg, holte mich meine Krankheit wieder ein. Aber ich habe niemals aufgegeben und aus eigener Kraft habe ich es geschafft. Ich habe ihr die Stirn geboten. Niemand konnte mir helfen, und trotzdem waren so viele für mich da. Mein Freund, meine Eltern und viele andere haben immer an mich geglaubt. Obwohl sie mir nicht direkt helfen konnten, haben sie mir gezeigt, wie wichtig es für mich und andere ist, dieser Krankheit zu beweisen, dass ich stärker als sie bin. Doch ich allein habe den Kampf gegen die Essstörung angetreten, und ich bin meine persönliche Heldin. Auch meinem Körper bin ich für vieles dankbar. Er musste vieles mit mir durchmachen, aber noch viel mehr ermöglicht er mir. ♥

Sei deine persönliche Heldin.

So schließt du Frieden mit deinem Körper

Tausche Angst gegen Mut. Du musst keine Angst vor möglichen Veränderungen deines Körpers haben. Er wird sich so oder so verändern, das gehört zum Leben dazu. Denn niemand bleibt jung. Außerdem zeigen die Veränderungen des eigenen Körpers, dass du gelebt hast. Und das ist doch eigentlich der Grund, weshalb du geboren wirst.

---------------------------------- ----------------------------------

Hinterfrage Schönheitsideale immer und immer wieder, vor allem, wenn du dich nicht hübsch oder nicht gut genug findest. Denk immer daran: Wir werden jeden Tag mit Tausenden von Bildern konfrontiert, die immer wieder vermitteln, wie eine Frau oder ein Mann auszusehen haben. Diese Bilder entsprechen aber nicht der Vielfalt unserer Gesellschaft, aber gerade diese Vielfalt ist das, was uns ausmacht.

---------------------------------- ----------------------------------

Wenn du dir Gedanken zum zweiten Punkt machst, dann musst du auch wissen, dass es eigentlich keine Makel und keine Problemzonen gibt, zumindest nicht, wenn es um deinen Körper geht. Die Problemzone liegt ganz woanders – nämlich in der Gesellschaft. Die Schönheitsindustrie hat Makel erfunden, damit wir glauben, wir müssten etwas gegen sie unternehmen und zwar mit ihren Produkten. Die einzigen, die davon profitieren, sind die Unternehmen. Das sind aber auch die, die pleite gehen, wenn wir uns alle so annehmen würden, wie wir sind.

Niemand ist wie du und deshalb macht es auch keinen Sinn, dass du dich mit anderen vergleichst. Wir sind alle mit unterschiedlichen Voraussetzungen auf die Welt gekommen. Einige sind genetisch bedingt schlanker, straffer oder größer, andere sind kleiner, haben ein schwaches Bindegewebe und neigen dazu, schneller Fett anzusetzen. Das ist Vielfalt, und keiner ist besser oder minderwertiger als der andere.

Noch scheint es dir, als wäre dein Aussehen das Wichtigste an dir, aber wenn du lernst, dass du mehr bist als deine Hülle, dann haben Komplimente wie „Du hast eine tolle Figur." oder „Du bist hübsch." nicht mehr so einen großen Stellenwert in deinem Leben und hinterlassen nicht denselben Effekt. Ein Kompliment darf dir Freude bereiten, aber du musst immer wissen, dass du mehr bist als deine Hülle.

Denk daran, dass dein Körper dich dein ganzes Leben begleiten wird und dir so unendlich viele Möglichkeiten schenkt, das Leben zu leben und zu genießen. Mit seinen Beinen lässt er dich wunderschöne Orte erkunden. Mit seiner Haut lässt er dich Liebe, Wärme und Zuneigung spüren. Mit seinen Händen lässt er dich Gefühle und Gedanken niederschreiben. Er lässt dich Essen riechen, schmecken und genießen. Er ermöglichst es dir, dich zu bewegen, wann immer du Bewegung brauchst. Er gibt dir so viel mehr als du denkst. Schätze ihn für die Dinge, die er tut.

12 HÖR NICHT AUF ANDERE

Ist dir wichtig, was andere über dich denken?

Ich weiß, ich habe es schon oft gesagt, aber es ist wirklich wichtig: Höre nicht hin oder lass es links rein und rechts wieder rausgehen, wenn jemand meint, er müsste deinen Körper oder allgemein dein Aussehen kritisieren. „Einfacher gesagt als getan, Morena." Ich weiß natürlich selbst, dass das nicht einfach ist und man sich schnell zu Herzen nimmt, was andere sagen, egal ob sie es lieb oder böse meinen. Aber du bist niemandem etwas schuldig. Du schuldest niemandem ein hübsches Gesicht (was auch immer hübsch bedeuten mag) oder eine schlanke Figur oder tolle Kleider. Hast du abgenommen? Okay, dann ist es eben so. Hast du zugenommen? Dann ist es so. Die Menschen legen viel, zu viel Wert auf all das. Deshalb ist es wichtig, dass man sich von Aussagen über das eigene Aussehen distanzieren kann und dass man der Oberflächlichkeit keine Chance gibt.

Gib der Oberflächlichkeit keine Chance!

Ich weiß noch, als ich zu einem Fest eingeladen war, bei dem außer meiner Familie größtenteils Menschen anwesend waren, die ich nicht kannte. Meine Mutter kam zu mir und meinte: „Morena, wieso machst du dich nicht ein wenig hübsch für heute Abend?" Ich war einfach ungeschminkt und hatte absolut keine Lust, mich zu schminken. Solche Tage habe ich immer wieder und finde es auch legitim, schließlich ist es mein Recht zu entscheiden, wie ich mich den Menschen um mich herum präsentieren möchte. Und an diesem Abend war es mir eigentlich absolut egal, wie ich aussah, zumindest bis mir diese Frage gestellt wurde. Ich hatte gerade andere Sorgen, wollte eigentlich nicht einmal zu diesem Fest, und doch musste ich mit.

Nach dieser Frage verschwand auch der letzte Funken Lust, der noch geblieben war. „Toll, was sollte diese Frage? Bin ich ungeschminkt denn nicht hübsch genug? Für wen sollte ich denn hübsch sein? Da wird sowieso nur meine Familie anwesend sein, und die mag mich so, wie ich bin. Und alle anderen interessieren mich eigentlich gar nicht." Wie dem auch sei, als ich dann entgegnete, dass es allein meine Entscheidung sei, ob ich mich schminke oder nicht, und dass es egal ist, ob mich jemand hübsch findet oder nicht, kam folgende Antwort: „Ja, das sagst du immer, aber im Nachhinein bereust du es doch jedes Mal, wenn du siehst, wie hübsch sich die anderen gemacht haben. Du sagst es ja immer selbst. Für mich spielt es keine Rolle, von mir aus kannst du gern so kommen." Ha! Sie hatte so Recht, und ich hatte ihre Frage wie so oft total falsch interpretiert. Natürlich fand mich meine Mama hübsch. Für sie spielte es keine Rolle, ob ich geschminkt war oder nicht, denn sie liebt mich so, wie ich bin, das weiß ich. Trotzdem hatte ich kurz daran gezweifelt. Im Grunde wollte ich damals zwar, dass es mir egal ist, was andere von mir denken, wenn sie mich sehen. Doch in Wirklichkeit war es mir sehr wohl wichtig, und so habe ich mich auch an diesem Abend geschminkt.

Was tut man aber, wenn jemand eine Bemerkung macht, die dich verunsichert? Du musst nicht einmal dann hinhören, wenn es jemand aus deiner Familie ist. Eine gute Freundin von mir ist etwas dick, und obwohl sie mittlerweile erwachsen ist, muss sie sich trotzdem regelmäßig von ihrer Mama anhören, dass sie abnehmen, gesünder essen sollte, sich mehr bewegen könnte, dass sie hübscher sei, wenn sie doch nur etwas schlanker wäre, dass sie ihre große Liebe erst finden werde, wenn sie abnimmt, dass sie sich so viel besser anziehen könnte ... Die Liste an Vorwürfen und *gutgemeinten* Ratschlägen ist endlos. Das tut weh, vor allem, wenn es von jemandem kommt, den man liebt.

Leider ist meine Freundin nicht die einzige, die so etwas von der eigenen Familie hören muss. Das klingt vielleicht krass, weil man denkt, dass Eltern so etwas doch nie sagen würden. Aber ganz ehrlich, genau das ist es, was Menschen dir mit solchen Aussagen vermitteln. Wenn du für sie gut genug wärst, würden sie so etwas niemals sagen.

Trotzdem denke ich, dass es gerade Menschen aus der eigenen Familie meistens eigentlich nicht böse meinen. Deshalb rate ich auch allen, die diesen verletzenden Sprüchen ausgesetzt sind, dass sie mal mit der Person sprechen, die so redet. Vielleicht weiß sie es gar nicht oder es ist ihr nicht richtig bewusst, wie verletzend sie gerade war. Wenn Eltern so etwas sagen, liegt das oft daran, dass sie das eigene Kind schützen möchten. Denn wir leben nun mal in dieser oberflächlichen Gesellschaft, die Fett verteufelt, sich über dicke Menschen lustig macht und die unzählige Möglichkeiten bietet, Gewicht loszuwerden. Die, die mir früher gesagt haben, ich solle den Bauch einziehen, wollten mir eigentlich etwas Gutes tun, weil sie nicht wollten, dass ich weiterhin ausgelacht werde.

Wenn jemand solche kritisierenden Aussagen macht, kann es genau daran liegen oder weil diese Person selbst in der Diät-Kultur feststeckt. Vielleicht ist sie auch immer noch der Meinung, dass man Schönheitsidealen folgen, dass man sich ihnen möglichst anpassen und dass man sich verändern muss, um etwas wert zu sein oder um glücklich durch das Leben zu gehen. Vielleicht denken solche Menschen, dass man nur etwas wert ist, wenn man schlank ist, man möglichst wenig Fett an sich hat und wenn man anderen gefällt. Doch auch diese Menschen können einfach nicht anders. Denn auch sie lassen sich von Schönheitsidealen blenden und beeinflussen. Wenn jemand also so etwas sagt, dann hat das überhaupt nichts mit dir zu tun, sondern eher mit der Weltsicht, die diese Person hat. Deshalb kannst du auch in so einer Situation getrost deinen kleinen Selbstliebe-Rebell einsetzen und dich schützen. Indem du die verletzenden Worte, wenn überhaupt, zwar kurz zur Kenntnis nimmst, dich aber danach so schnell wie möglich davon distanzierst. Denn du bist gut genug. Wir alle sind gut, wie wir sind, und müssen uns niemals verändern, für niemanden, nicht einmal für jemanden aus der eigenen Familie. Wenn du magst und noch etwas Energie hast, kannst du dieser Person auch genau das sagen und sie darüber aufklären, dass du es satt hast, nach der Nase der anderen zu tanzen, und

> **Wenn du dich selbst liebst, kannst du auch anderen beibringen, sich selbst zu lieben.**

endlich einfach du selbst sein möchtest, auch wenn andere dich dafür kritisieren. Nur so können wir alle voneinander lernen.

Wenn sich das für dich jetzt unglaubwürdig anhört, dann beruhige ich dich gerne. Denn ich führe nicht ohne Grund nach Jahren immer noch einen Selbstliebe-Blog mit mehreren Tausend Leserinnen und Lesern. Indem du dich selbst liebst, bringst du anderen bei, sich selbst zu lieben. Wenn dieses Gut weitergegeben wird, leben wir in ein paar Jahren vielleicht in einer Welt, die mehr Liebe zeigt. Das wäre doch schön, oder nicht?

Trotzdem weiß ich, dass es nicht ausreicht, nur einmal mit einer Person zu reden, die immer noch in dieser Diät-Kultur gefangen ist. Manchmal reicht es auch nicht aus, mehrmals mit ihr darüber zu sprechen, je nachdem, wie tief sie in dem Glauben feststeckt. Aber wenn du es tust, hast du vielleicht schon etwas in ihr ausgelöst, egal wie groß oder klein der Effekt ist. Wichtig ist, dass wir nicht nur versuchen, uns zu schützen und stark zu sein, sondern auch, dass wir anderen beibringen, wie das geht. Denn nur gemeinsam können wir dieses Problem angehen.

Auch ich werde heute noch auf meine Figur angesprochen, ganz oft sogar, vor allem in der Online-Welt, wo viele sich hinter der Anonymität des Internets verstecken und anderen Menschen Dinge an den Kopf werfen, die sie sehr wahrscheinlich offline nie sagen würden. Gerade als ich der Essstörung den Kampf angesagt hatte und deshalb immer öfter „unperfekte"

Bilder von mir mit Wohlfühlbäuchlein, Cellulite und Speckröllchen postete, kamen fiese Sprüche. Ich musste mir anhören, dass ich nur Ausreden suchen würde, um keinen Sport machen und nicht auf die Ernährung achten zu müssen. Oft durfte ich einfach nur Beleidigungen wie *fetter Wal, hässliche Frau, faules Mädchen* und viele weitere Gemeinheiten lesen. Einige haben sogar andere Freunde markiert und sie eingeladen, sich lustig über mich und meine Figur zu machen und auch über die Tatsache, dass ich mit meinem *unvollkommenen* Körper anderen ein gutes Selbst- und Körpergefühl vermitteln möchte. Ich wurde also nicht nur in meiner Jugend wegen meines Körpers ausgelacht, ich werde auch heute immer wieder daran erinnert, dass ich offenbar nicht gut genug bin.

Wenn ich mich heute immer noch über die Meinung anderer definieren würde, wäre ich nicht so selbstbewusst und stark, wie ich es bin. Ich habe einfach gelernt, auf niemanden zu hören, der meinen Körper und mein Aussehen kritisiert. Gib den Idealen und den Menschen, die diese falschen Ideale unterstützen, keine Chance! Hör nicht auf andere, denn du lebst schließlich dein Leben in einem Körper, der nur dir gehört. Deshalb darfst auch nur du darüber entscheiden, was mit diesem Körper passiert.

Menschen, die so oberflächlich sind und meinen, sie dürften dein Aussehen kritisieren, sind wahrscheinlich

> Du lebst dein Leben in einem Körper, der nur dir gehört.

unzufrieden mit sich selbst. Denn wenn man im Reinen mit sich ist – und da spreche ich aus Erfahrung – hat man das nicht nötig.

Seit ich mich selbst so annehmen kann, wie ich bin, denke ich ganz anders. Nicht dass ich vorher nicht tolerant gewesen wäre oder jemanden beleidigt hätte. Aber ich sehe gewisse Dinge, die andere heute noch Makel nennen, nicht mehr als Makel. Ich sehe sie als Teil von dieser Person, als etwas, das zu dieser Person gehört, worüber ich kein Recht habe zu urteilen. Ich würde nie sagen, dass ein dicker Mensch in meinen Augen nicht schön ist, was früher definitiv anders war. Das heißt nicht, dass man jeden und alles schön finden muss. Letztendlich empfindet jeder Schönheit auf seine Art und Weise. Aber wenn man einsieht, dass jeder Mensch einfach so ist, wie er ist, gibt es auch keinen Grund, ihn für irgendetwas (wenn auch nur in Gedanken) zu kritisieren.

DEN BRAUCHST DU NICHT

Wie würdest du dich fühlen, wenn dein Partner dir sagt, du solltest ein paar Pfunde loswerden?

Männer mögen Kurven, nur Hunde spielen mit Knochen, oder wie ging dieser Spruch nochmal? Lange, ganz lange, beruhigte mich dieser Satz, weil er mir das Gefühl gab, dass meine Figur doch ganz gut sein muss, wenn doch die Mehrheit der Männer Kurven mag. Doch dieser Spruch ist zum einen unglaublich diskriminierend, denn dahinter steckt die Botschaft, dass dünne Frauen für niemanden attraktiv sind, und zum anderen finde ich, dass da eine völlig falsche Message vermittelt wird. Denn wieso sollten wir Frauen versuchen, den Wünschen von

So gehst du am besten mit dummen Sprüchen um

„Vielleicht solltest du das mit deiner Figur lieber nicht anziehen." – „Weil …? Gibt es irgendwelche Kleidergesetze, von denen ich noch nichts weiß? Falls ja, interessieren sie mich nicht. Ich ziehe an, was ich möchte."

---------------------------------- ♥ ----------------------------------

„Wenn du etwas abnehmen würdest, würde deine Schönheit erst recht zur Geltung kommen! Du hättest so ein hübsches Gesicht." – „Entschuldige? Ich habe ein hübsches Gesicht, und meine Schönheit ist immer die gleiche. Vielleicht erkennst du sie einfach nicht."

---------------------------------- ♥ ----------------------------------

„Hast du von dieser neuen Diät gehört?" – „Nein. Und bevor du weiterredest: Ich möchte auch nichts von dieser Diät hören. Diäten schaden mehr als sie nützen."

---------------------------------- ♥ ----------------------------------

„Wie siehst du denn heute aus?" – „Na, so wie ich eben aussehe."

---------------------------------- ♥ ----------------------------------

„Männer stehen auf Kurven, nur Hunde spielen mit Knochen." – „Ob Mann oder Hund, sie müssen mich nehmen, wie ich bin."

Männern zu entsprechen? Wieso sollte ein Mann entscheiden, was mich als Frau attraktiv macht?

Du musst niemandem gefallen außer dir selbst, und wenn dich jemand nicht so nimmt, wie du bist, egal ob Mann oder Frau, dann hat diese Person dich nicht verdient. Ich finde, es gibt nichts Schlimmeres, als einen Partner an seiner Seite zu haben, der dich als Ganzes nicht so akzeptiert, wie du bist, und immer wieder an dir und an deiner Figur rumnörgelt.

Eine gute Freundin von mir hat mir mal ganz traurig und verunsichert erzählt, dass ihr damaliger Freund ihr gesagt habe, sie sei doch sehr *schwabbelig* und könne locker noch ein paar Pfunde loswerden, es würde ihr bestimmt gut bekommen. Und das sagte er auch noch gerade in dem Moment, als sie Zärtlichkeit austauschten. Ich dachte, ich höre wohl nicht richtig. In einem so intimen, schönen Moment kann eine solche Aussage sehr viel bewirken, leider wenig Positives. Sie war zwar verunsichert, hat ihm aber schließlich Recht gegeben und sich dazu entschlossen, wieder mehr Sport zu machen und auf die Ernährung zu achten.

Natürlich habe ich ihr dann versichert, dass sie einen Typen, der an ihrer Figur herummeckert, nicht nötig hat. Die meisten Frauen sind in diesem Punkt doch sehr empfindlich, und selbst wenn er es in einem liebevollen Ton gesagt und ihr zu verstehen gegeben hätte, dass es nur ein Witz war, finde ich es total daneben. Wir müssen aufhören, uns auf Äußerlichkeiten zu fokussieren, insbesondere, wenn es nicht uns selbst betrifft.

Dein Körper ist deine Sache und geht niemanden etwas an.

Ich kann es gar nicht oft genug betonen, dass dein Körper nur deine Sache ist und niemanden was angeht, nicht einmal deinen Partner. Du schuldest deinem Partner gar nichts. Das habe ich auch meiner Freundin gesagt. Mir ist bewusst, dass man einen Menschen, den man zu lieben glaubt, nicht einfach so in den Wind schießen kann. Grundsätzlich bin ich dafür, dass man in einer Partnerschaft miteinander redet und sagt, wenn etwas nicht stimmt. Deshalb habe ich auch ihr und vielen meiner Leser empfohlen (ja, es kommt tatsächlich öfter vor), dem Partner zu sagen, dass solche Aussagen verletzend sind. Vielleicht hat er kein Feingefühl, wenn es um so heikle Themen geht, und vielleicht ist ihm überhaupt nicht bewusst, was so ein simpler Satz auslösen kann.

Ich weiß nicht, wie es bei anderen ist, aber wenn mein Partner so etwas zu mir gesagt hätte, hätte ich wohl Mühe gehabt, mich weiterhin nackt vor ihm zu zeigen. Vielen, vor allem jungen Frauen, fällt Intimität schwer. Nacktheit bedeutet auch Verletzlichkeit, weil man nichts verstecken kann. Dann muss nur ein oberflächlicher Macho daherkommen, und prompt war es das mit dem Selbstbewusstsein.

Ich kenne sehr viele solche Machos. Ich weiß auch, dass nicht alle Männer so sind und dass es auch sehr oberflächliche Frauen gibt. Klar finde ich persönlich meinen Partner wunderwunderschön, auch noch nach vielen Jahren Beziehung schaue ich ihn an und denke mir jedes Mal *wow, er ist einfach unglaublich schön,* und man darf sich auch daran erfreuen. Was mich aber an ihm fasziniert, was für mich seine Schönheit ausmacht, ist vielmehr sein Charakter, seine Ausstrahlung, sein Selbstbewusstsein, seine Nächstenliebe, seine Hilfsbereitschaft und andere wundervolle Qualitäten, die ich an ihm schätze. Dass er keinen gestählten Körper hat, ist für mich nicht wichtig.

Man darf auch solche Empfindungen haben, und es ist absolut normal, dass man gewisse Dinge schöner findet als andere. Ich finde aber, dass es ein Unterschied ist, ob man einen muskulösen Männerkörper zwar attraktiv findet, dieses aber kein Kriterium für die Partnerwahl ist, oder ob man die Muskeln so wichtig findet, dass man mit einem Menschen nicht zusammen sein mag, der diese Bedingung nicht erfüllt. Daher kann ich es nicht verstehen, dass Menschen sich das Recht herausnehmen, über einen Körper zu urteilen, der zu einem Menschen gehört, den man offenbar *liebt*.

> Ich möchte für meinen Charakter geliebt werden und für meine Albernheiten, die Teil von mir sind.

Ich hätte diesem Typen vielleicht noch ein oder zwei Chancen gegeben, aber wenn du merkst, dass er dich nur wegen deiner Hülle mag und daran herummeckert, dann hat dieser Typ dich nicht verdient. Das hört sich vielleicht etwas hart an, aber es ist einfach so. Ich möchte für meinen Charakter geliebt werden und für meine Albernheiten, die Teil von mir sind. Klar ist es ein schönes Gefühl, wenn der eigene Partner dich attraktiv findet, dich begehrt und es dir auch zeigt, aber in erster Linie musst du dich wohl fühlen. Und da du nun weißt, dass du mehr bist als deine Hülle, darfst du dein Glück nicht abhängig machen von oberflächlichen Menschen, die dich nicht zu schätzen wissen.

Viele vergessen, dass sich jeder Körper früher oder später verändert, auch der eigene, und auch der Mensch, der an deinem Körper etwas auszusetzen hat, wird mit körperlichen Veränderungen konfrontiert werden. Außerdem bist du nicht auf die Welt gekommen, um von anderen bewertet zu werden. Du bist keine Puppe und auch kein Objekt, welches nur da ist, damit andere Gefallen daran finden.

Ich kann und will mir keine Partnerschaft mit einem Menschen vorstellen, der mich nicht als Gesamtpaket mag. Falls du also in einer Situation feststeckst, in der du mit jemandem zusammen bist, der dir das Gefühl gibt, nicht schön genug zu sein, dann finde für dich heraus, ob es das ist, was du von einer Beziehung erwartest. Keine Beziehung ist perfekt, aber frag dich selbst: Ist dieser Partner tatsächlich der richtige, wenn er einer der Gründe ist, weshalb du dich schlecht fühlst?

Was erwartest du von einer Beziehung?

Selbstverständlich darfst du kurvig sein, und wenn kurvig bei dir bedeutet, dass du kleine Brüste hast und einen runden, weichen Bauch oder ausladende Hüften mit Dellen und Dehnungsstreifen, dann ist das völlig in Ordnung. Viele Männer verstehen unter Kurven diese Sanduhr-Figur. Aber die haben nicht viele Frauen. Kurven gibt es in vielen Varianten.

Du musst dich nicht verbiegen.

Sei einfach so, wie du bist, und lass dir dein Selbstbewusstsein nicht von anderen kaputt machen, die erstens oberflächlich sind und zweitens dich nicht schätzen, wie du bist. Niemand ist perfekt. Natürlich muss man in einer Partnerschaft nicht immer einer Meinung sein, und es ist auch absolut normal, dass dich manchmal etwas nervt. Aber du musst nicht abnehmen, deine Brüste vergrößern, deine Nase verkleinern lassen oder sonst etwas an deinem Aussehen verändern, wenn jemand dich nicht so nehmen möchte, wie du bist. Verbiege dich nicht, für niemanden. ❤

FEBRUAR 2014

Der Wettbewerb um das beeindruckendste Vorher-Nachher-Bild war beendet, und ich hatte nicht gewonnen. Aber auch sonst habe ich nichts hinzugewonnen. Es waren zwei harte Monate für mich, die meinem Selbstbewusstsein, Körpergefühl, Selbstwert, meinem kompletten Ich noch den letzten Tritt gaben. Ich hatte zwar zwei Monate durchgehalten, wollte gewinnen, wollte allen beweisen, wie diszipliniert und toll ich sein konnte, jedoch verlor ich mich dabei selbst. Ich sah mich als komplette Versagerin, weil ich das Gefühl hatte, die Niederlage verdient zu haben. Ich sah mich trotz der strikten Ernährung und des vielen Sports als dick. Darf ich dir aber etwas verraten? Ich war nicht dick.

Meine Selbstwahrnehmung war völlig gestört. Das weiß ich jetzt. Hätte mir das aber damals jemand gesagt, hätte ich es ihm nie geglaubt, und so geht es leider vielen Frauen. Ich habe seit Jahren fast täglich Kontakt mit Frauen aus aller Welt, die mir immer wieder sagen, wie dick sie doch wären. Doch sind sie das wirklich? Wenn ich mir dann ihre Bilder ansehe, sehe ich meistens eher das Gegenteil. Woran liegt es, dass wir Frauen uns anders wahrnehmen, als wir sind?

> Meine Selbstwahrnehmung war völlig gestört.

13 WIE SPRICHST DU MIT DIR?

Mir wäre wohl nie aufgefallen, wie selbstkritisch ich bin, wenn meine Mama mich nicht darauf angesprochen hätte. Irgendwann meinte sie ganz ernst: „Ist dir schon mal aufgefallen, wie du mit dir selbst redest? Ständig meckerst du an dir rum, dabei bist du doch so ein wundervoller Mensch." Wow, das hat mich damals zum Nachdenken angeregt, denn sie hatte recht. Tatsächlich war mir vorher nie bewusst, dass die vielen negativen Gespräche, die ich täglich mit mir führte, für mich normal geworden waren. Seitdem habe ich mich oft dabei ertappt, dass ich mit mir selbst viel zu streng umgegangen bin und mich viel zu häufig kritisiert habe. Aber so, wie ich mit mir selbst sprach, hätte ich niemals mit anderen geredet. Nie im Leben würde mir in den Sinn kommen, zu einer Freundin zu sagen: „Wie siehst du denn aus? Du solltest besser auf deine Ernährung achten und wieder etwas Sport treiben, sonst wirst du nie attraktiv sein.", oder: „Du hast es schon wieder vermasselt, kein Wunder, dass dich niemand mag." Harte Worte, nicht wahr?

Wenn man solche Worte nie zu anderen sagen würde, wieso dann zu sich selbst? Das hat niemand verdient. Kritik, ob von außen oder von einem selbst, ist okay, denn manchmal kann sie einen weiterbringen. Aber es kommt sehr darauf an, ob sie dazu gedacht ist, dich zu motivieren, oder ob sie nur geäußert wird, um dich runterzuziehen. Und genau da liegt der Knackpunkt. Klar gibt es Menschen, die dich kritisieren. Als Lehrerin und Mensch in der Öffentlichkeit – wie die Kritiker mich gerne nennen – muss ich immer damit rechnen, kritisiert zu werden. Zum einen kritisiert man Lehrer und Lehrerinnen sowieso sehr häufig, zum anderen müssen Menschen in der Öffentlichkeit früher oder später lernen, mit Kritik umzugehen. Das wurde mir jedenfalls gesagt, als ich anfangs große Mühe damit hatte. Aber ich habe mich nicht nur von diesen kritischen Stimmen beeinflussen lassen, ich habe meine eigenen negativen Stimmen zusätzlich lauter werden lassen. Wenn wir ehrlich sind, sind wir selbst unsere größten Kritiker.

Versuche mal darauf zu achten, wie du mit dir selbst sprichst und was du dir sagst. Achte darauf, was für eine Meinung du von dir selbst hast. Vielleicht ist dir noch gar nicht so bewusst, wie du mit dir selbst umgehst.

Dabei es ist so wichtig, welche Worte man für sich selbst findet. Es ist nicht so, dass die Worte, die du laut oder gedanklich aussprichst, einfach verschwinden würden. Igendwo in deinem Unterbewusstsein wird alles abgespeichert. Negative Bewertungen und Gedanken ziehen dich nicht nur runter, sie lassen dich auch in dem Glauben, dass du, *weil du nicht gut genug bist,* bestimmte Dinge nie tun wirst oder dei-

> Versuche darauf zu achten, wie du mit dir selbst sprichst.

ne Ziele niemals erreichen kannst. Diese negativen Gedanken können dich davon abhalten, Neues auszuprobieren, mutig zu sein und etwas zu wagen. Sätze wie „Ich bin nicht gut genug, um …" oder „Ich bin zu unwichtig, um …" spiegeln aber nicht die Realität wider.

Deshalb möchte ich, dass wir (du und ich) in Zukunft gemeinsam üben, netter zu uns selbst zu sein. Das kann so viel Positives bewirken, wenn du es nur zulässt. Ich muss mich hin und wieder auch darin üben, netter zu mir selbst zu sein, auch wenn ich schon viel besser darin geworden bin. Das ist nämlich gar nicht so einfach, wenn man sich selbst jahrelang kritisiert hat. Aber es ist möglich, die negativen Stimmen in positive umzuwandeln. Ich musste erst realisieren, dass ich niemals perfekt sein werde und dass das okay ist.

Wenn du dir jetzt ein wenig Zeit nehmen möchtest, dann überlege dir doch mal, wie deine Selbstgespräche so klingen und welche negativen Gedanken über dich du in der Vergangenheit zugelassen hast. Ich bin mir sicher, dass auch dir etwas einfällt, was dein innerer Kritiker immer wieder zu dir sagt.

Es gibt keinen Grund, wieso du zu unwichtig oder nicht gut genug sein solltest, um etwas auszuprobieren, um etwas zu wagen, um Veränderungen anzugehen. Du bist gut genug, und du bist wichtig.

Überlege dir dann, warum du diese Gedanken hast und ob es Beweise dafür gibt, dass diese Gedanken gerechtfertigt sind. Mag sein, dass es hier und da vielleicht der Fall ist. Aber niemand von uns ist perfekt. Wir alle haben unsere Schwächen, deshalb ist es okay, so zu sein, wie du bist.

Du wirst deine negativen Gedanken sicher nicht sofort in positive umwandeln können, aber als erster Schritt wäre es schon mal super, wenn du dir bewusst wirst, wie sich deine Selbstgespräche und deine Gedanken über dich anhören. Da Selbstliebe nur funktioniert, wenn du bereit bist, an deiner Einstellung zu arbeiten, musst du auch hin und wieder hinterfragen, wieso du dir selbst gegenüber so negativ eingestellt bist.

Viele haben nur deshalb das Gefühl, nicht gut genug zu sein, und verhalten sich dementsprechend, weil sie sich mit Idealen vergleichen. Doch mithilfe unseres inneren Selbstliebe-Rebells können wir lernen, alle Ideale und Stimmen zu ignorieren, die versuchen, uns runterzuziehen. Du bist nämlich gut genug, und wenn du lernst, lieb zu dir selbst zu sein, wirst du sehen, dass du in der Lage bist, Dinge zu tun, die du niemals für möglich gehalten hättest.

Hätte ich mir weiterhin zugeflüstert, dass ich kein guter, liebenswerter Mensch bin, hätte ich wohl nie ein Buch geschrieben. Ich musste auch erst lernen, an mich zu glauben und gut zu mir selbst zu sein, auch wenn mir das manchmal schwergefallen ist. Aber ich bin dadurch stärker geworden, weil ich realisiert habe, dass ich selbst bestimme, was mein Unterbewusstsein zu hören bekommen soll und was nicht. Wenn du dir selbst Mut machst, dich selbst aufbaust und darauf achtest, dass es dir gut geht und dass du im Reinen mit dir bist, dann handelst du auch danach. ❤

MÄRZ 2014

Ich wollte unbedingt wieder normal essen. Essen ohne schlechtes Gewissen? Ein Ziel, das mir unmöglich zu erreichen schien. Ich wusste tatsächlich nicht, wie das gehen sollte. Jeder erneute Versuch, meine Angst vor bösen Lebensmitteln anzugehen, scheiterte letztendlich doch am schlechten Gewissen. Denn immer wieder wagte ich es, abends Kohlenhydrate zu essen, vor allem, wenn meine Mama kochte. Doch auch für sie war das nicht einfach, denn sie wusste um meine Angst, wieder an Gewicht zuzulegen, und litt quasi mit mir mit. Sie wurde inzwischen aber vorsichtiger und fragte mich zuerst, bevor sie etwas kochte, ob es in Ordnung ging.

Wenn ich also abends Kohlenhydrate aß, ließ mich das schlechte Gewissen am nächsten Morgen Sport treiben, und das mit leerem Magen. Ich war inzwischen aber wirklich energielos, und jede Sporteinheit, aber auch jede Essattacke nahmen mir mehr und mehr die Kraft. Denn egal, was ich tat, ob Sporttreiben oder essen, ich dachte praktisch nur noch ans Ab- und Zunehmen, jeden Tag, den ganzen Tag. Ich konnte nicht einmal mehr schlafen, so innerlich unruhig war ich, und doch war ich müde, so müde wie noch nie zuvor. Eines Freitags ging ich nach dem Studium arbeiten, fühlte mich aber ganz komisch, so gar nicht wohl, und ging deshalb nach wenigen Stunden wieder nach Hause. Ich lag den ganzen Nachmittag und Abend im Bett und regte mich kaum. Das gleiche dann am Samstag. Ich hätte zur Arbeit gehen sollen, aber jede Faser meines Körpers kämpfte dagegen.

Ich kann bis heute nicht beschreiben, wie ich mich an diesen beiden Tagen fühlte. Ich hatte weder Fieber noch sonst etwas, was man als *krank* bezeichnen konnte. Ich war einfach komplett

> Ich war einfach komplett am Ende mit meinen Kräften.

am Ende mit meinen Kräften. Ich lag den ganzen Tag im Bett und kämpfte gegen meine Gedanken, die die ganze Zeit um meine Figur, das Essen und den Sport, die Schönheitsideale und den Sinn des Lebens kreisten. Wie immer, wenn ich mit unangenehmen Gefühlen zu kämpfen hatte, lief ich zum Süßigkeitenschrank. Alle zehn Minuten aß ich irgendetwas daraus in der Hoffnung, mich besser zu fühlen. Aber weder Kekse noch Pralinen noch sonst etwas half.

Meine Mama kümmerte sich gerade um den Haushalt, und wann immer sie mich sah, sah sie mich mit einer neuen Packung in der Hand. Irgendwann standen wir beide in der Küche, und nachdem sie kurz zum Abfallsack blickte, fragte sie mich, ob ich schon erbrochen hatte an diesem Tag. Wie bitte? Meine Mama hatte tatsächlich schon lange die Vermutung, dass ich nicht nur sehr strikt und wenig aß, sondern auch, dass ich Tage hatte, an denen ich mit Essanfällen zu kämpfen hatte. Nur kannte sie das Ausmaß nicht,

> Nach dieser Frage, war mir klar, was sie dachte: Bulimie.

weil ich es immer im Verborgenen machte und alles vertuschte, was sie auf die Idee hätte bringen können. Nach dieser Frage war mir klar, was sie dachte. Bulimie.

Das war übrigens auch das, was meine Cousine vermutete, die Diplom-Psychologin ist. Meine Mama wollte nämlich, nachdem wir ein bisschen miteinander geredet hatten und ich ihr alles erzählte, was in den letzten Monaten so passiert war, dass ich sie anrufe, weil sie die Hoffnung hatte, meine Cousine könnte mir helfen. Doch meine Cousine konnte das natürlich nicht, da dieses Problem nicht mit einem einstündigen Telefonat hätte behoben werden können. Während einer Stunde erzählte ich ihr alles, was du nun auch von mir weißt, vielleicht ein bisschen detaillierter. Sie hörte eine Stunde lang zu, ohne groß etwas zu sagen, und meinte dann vorsichtig, dass ich möglicherweise Bulimie entwickelt hätte. Sie wollte aber keine Diagnose stellen denn dafür bräuchte es viel mehr als dieses Telefonat. Ich habe mich natürlich dagegen gewehrt, denn ich hatte mich in den letzten Monaten nicht ein einziges Mal erbrochen. Ich habe nicht einmal daran gedacht, als ich nach einem Essanfall starke Magenschmerzen hatte. Ich kompensierte die Kalorien mit übermäßigem Sport, aber mich übergeben? Niemals. Meine Cousine holte mich schnell auf den Boden der Tatsachen, als sie mir die verschiedenen Formen der Bulimie aufzählte. Denn Bulimie ist (und das wissen viele nicht) nicht nur die typische Ess-Brech-Sucht. Es gibt viele verschiedene Methoden, wie die Menschen versuchen, die zuvor eingenommenen Kalorien wieder loszuwerden, und meine Methode war der übermäßige Sport. Wenn ich von übermäßig rede, dann meine ich nicht ab und zu joggen gehen, sondern wirklich morgens und abends, von früh bis spät.

Ich war nach diesem Gespräch total erleichtert, denn ich hatte nicht nur zwei Menschen an diesem Tag erzählen können, was ich monatelang zu verstecken versuchte, ich hatte nun auch einen Namen für mein Problem. Doch wie sollte es weitergehen? Alle hatten mir dringend empfohlen und mich gebeten, professionelle, also psychologische Hilfe anzunehmen. Das habe ich aber nicht gemacht. Nicht, weil ich mich geschämt habe, denn ich wollte mir unbedingt helfen lassen, aber ich hatte nicht die finanziellen Mittel. Normalerweise würden die Kosten größtenteils übernommen werden. Aber in der Schweiz ist es so, dass man sich in der privaten Krankenversicherung für eine Selbstbeteiligungsform entscheiden muss, und da ich mich für das günstigste Modell entschieden hatte und deshalb die höchstmögliche Selbstbeteiligung hätte bezahlen müssen, konnte ich mir eine Therapie nicht leisten. Wir sprechen hier von mehreren Tausend Franken. Wäre es anders gewesen, hätte ich sofort eine Therapie gestartet. Dazu aber später mehr.

Weil ich es mir also nicht leisten konnte, professionelle Hilfe zu holen, und trotzdem dringend mein altes Leben zurück wollte, entschied ich mich, es alleine in die Hand zu nehmen. Ich wusste, dass das sehr schwierig werden würde, und doch war ich motivierter denn je. Ich habe den Fitness-Blog, den ich einmal gegründet hatte, um andere und mich zu mehr Sport und gesunder Ernährung zu motivieren, in eine Art Tagebuch umgewandelt. Ich habe meine Leser einen Blick in meine damals zerrissene Welt werfen lassen und erzählte erstmals von diesen Essattacken, die mich seit Monaten fast täglich plagten, von meinen Gedanken, Wünschen und Ängsten rund um meine Figur und mein Gewicht und von meinem Vorhaben, von nun an gegen Schönheitsideale und Essstörungen kämpfen zu wollen.

Für das alles brauchte ich aber unheimlich viel Mut, denn ich ahnte, ich würde von nun an gegen den Strom schwimmen. Denn sowohl meine Leser auf dem Blog als auch meine Follower auf Instagram und sonst alle, die mich kannten, wussten, dass ich der Fitnesswelt verfallen war. Plötzlich war da ein Mädchen, das alles anders machen wollte, als es uns beigebracht wurde: Einfach glücklich und zufrieden sein, egal was die Waage anzeigt, egal was andere von ihr denken oder über sie sagen würden. Ein Mädchen, das es satt hatte, sich irgendwelchen Idealen anzupassen.

14 LERNE DICH SELBST KENNEN

Wann hast du dich das letzte Mal so richtig wohl in deiner Haut gefühlt? Was hattest du an? Wo warst du?

Du kennst diese Momente bestimmt auch. Du gehst nichtsahnend am Spiegel vorbei, und zwar ohne irgendeine Intention, und dann siehst du dich und denkst: *Wow, heute sehe ich aber gut aus!* Manchmal braucht man nicht einmal den Blick in den Spiegel, und man fühlt sich gut und wohl in der eigenen Haut. Du spürst, du fühlst es einfach. Das sind schöne Momente, die dir zeigen, dass du auch gute Tage hast. Ich finde es ganz wichtig, dass du dich an solchen Tagen, an solchen Momenten festhältst, wann immer du wieder eine Phase hast, in der du an dir selbst zweifelst. Denn Zweifel und Sorgen können immer wiederkehren, was absolut okay ist. Um diese schönen Momente öfter zu erleben und so auch

> Beobachte, wann du dich am besten fühlst, und halte dich an diesen Momenten fest.

mein Selbstbewusstsein zu stärken, habe ich angefangen, sie zu analysieren: Was ich genau gemacht habe, was ich anhatte, mit wem ich zusammen oder ob ich sogar alleine war oder an welchem Ort ich mich wohlfühlte und was sonst dazu beitrug. Ich weiß mittlerweile, welche Kleidung mir dabei hilft. Ich weiß auch, mit welchen Menschen ich gerne zusammen bin, weil ich einfach ich selbst sein kann und mich nicht verstellen muss, denn sie nehmen mich so, wie ich bin. Ich weiß heute auch, welche Orte mich glücklich machen, weil sie mich entspannen, weshalb ich gerne an diese Orte zurückkehre. Und ich weiß, welche Dinge und Momente mich glücklich machen, mir ein Lächeln ins Gesicht zaubern und ein wohliges Gefühl in mir erzeugen, weshalb ich meinen Alltag mit solchen Momenten fülle.

Seit ich all das weiß, fühle ich mich tatsächlich meistens richtig gut. Das ist aber nichts, was von einem Tag auf den anderen passiert. Ich musste mich selbst kennenlernen, um zu wissen, was ich mag und weswegen ich mich gut fühle. Ich musste lernen, auf meine Bedürfnisse zu achten. Manchmal tat ich auch Dinge, die mir keine Freude bereiteten, und beschloss, sie künftig lieber zu vermeiden, weil sie für mein Wohlbefinden und meine Zufriedenheit absolut schädlich sind. Dafür weiß ich heute, was ich mag und was nicht, was mir gut tut und was oder wer eben nicht.

Auch ich habe noch nicht ausgelernt, weil es ein lebenslanger Prozess ist. Du veränderst dich, und so kann es sein, dass sich auch deine Bedürfnisse ändern. Wenn du dich mit dir selbst auseinandersetzt und dich kennenlernst, dann hörst du auch auf, mit Menschen zusammenzusein, die dich nur runterziehen. Du hörst auf, jede Verabredung wahrzunehmen, weil du einfach auch mal Zeit für dich brauchst, gerade heute, wo sich die Erde gefühlt schneller und schneller dreht. Du hörst auf, Dinge zu tun, die dir keine Freude bereiten, weil du weißt, dass das Leben viel zu kurz ist, um damit Zeit zu vergeuden. Man kann nicht immer zu hundert Prozent glücklich sein, da Glück kein permanenter Zustand ist, aber man kann sein Leben so gestalten, dass man irgendwann, wenn man älter ist, sagen kann, man war so glücklich, wie es eben ging, und dass man sich das größtenteils selbst zu verdanken hat. Ich wette, das ist ein tolles Gefühl.

SELBSTFÜRSORGE ALS TEIL DER SELBSTLIEBE

Wann immer es mir als Kind schlecht ging, ich Fieber hatte oder einfach sonst nicht gut drauf war, konnte ich auf meine Mama zählen. Ich wusste, dass sie für mich da war, und das Gefühl, umsorgt zu werden, fühlt sich heute – wenn ich mich daran erinnere – immer noch genauso gut an wie damals, als ich es erleben durfte. Umsorgt zu werden ist ein schönes Gefühl.

Es muss aber nicht unbedingt jemand anderes sein, der sich um dich kümmert, wenn du das Bedürfnis hast, umsorgt zu werden. Gerade heute, wo Stress zum Alltag gehört, ist es wichtig, dass wir nicht verlernen, auf unseren Körper, unsere Seele und unsere Bedürfnisse zu hören. Ich weiß, wie schwierig das

Take time to
do what makes
your soul happy.
- Unknown

manchmal sein kann, entweder weil man das Gefühl hat, man müsse weiterhin *funktionieren,* oder, schlimmer noch, weil man glaubt, es nicht verdient zu haben.

Dabei ist regelmäßige Selbstfürsorge wichtig, damit man weiterhin motiviert und gestärkt durchs Leben gehen kann. Selbstfürsorge ist Teil der Selbstliebe. Wir Menschen sind keine Maschinen, und manchmal kann das Leben ganz schön anstrengend sein. Man liest und hört immer wieder von Menschen, die einen Burnout erleiden, und denkt sich dabei: *So weit kommt es bei mir bestimmt nicht.* Wenn man aber immer nur funktioniert, von A nach B rennt und ohne Pause Dinge erledigt, kommt man selbst zu kurz.

> Wenn du nur noch funktionierst, kommst du selbst zu kurz.

Der Körper hält sehr viel aus und macht auch viel mit. Das ist uns nicht immer bewusst, wir nehmen Stress einfach hin und finden das normal. Ich – engagierte Lehrerin – bin nebenbei leidenschaftliche Bloggerin, gebe immer wieder auch Interviews, halte Vorträge und habe nun auch ein Buch geschrieben. Ich versuche alles in meiner Macht stehende zu tun, damit Menschen anfangen, auf sich selbst Acht zu geben und sich selbst, aber auch andere, zu akzeptieren, wie sie sind. Meine Mission hat sich zu einer Leidenschaft entwickelt. Irgendwo habe ich mal gelesen: Wenn du etwas mit Freude tust und deswegen kaum zur Ruhe kommst, dann ist das eine Leidenschaft und hat mit Stress nichts zu tun. Dieser eine Satz hat sich irgendwo in meinem Hinterkopf eingenistet und war mitunter der Grund, wieso ich monatelang mehr als hundert Prozent gegeben habe.

Dass mein Körper und mein Geist mich das irgendwann spüren ließen, war nur eine Frage der Zeit. Ich bin eine notorische Ja-Sagerin, und auch ich muss immer wieder üben, einfach mal nein zu anderen und ja zu mir zu sagen. Ich selbst versuche, jede Woche mindestens zwei Stunden für mich zu finden, während der ich mich nach der Dusche von Kopf bis Fuß eincreme, die Nägel neu lackiere, meine Haare besonders gut pflege und eine Serie schaue, bei der ich nicht viel nachdenken muss, lauthals lachen und die Seele baumeln lassen kann. Ich mag es aber auch, mich auf einen Kaffee mit Freundinnen zu treffen, alleine spazierenzugehen, ein Buch zu lesen oder einfach nur im Bademantel im Bett zu liegen und Musik zu hören. Manchmal finde ich zwei Wochen gar keine Zeit für mich, manchmal finde ich sogar vier statt zwei Stunden Zeit. Es kann auch vorkommen, dass ich zwei Wochen lang jeden Tag schaue, ein wenig Zeit für mich zu finden, um mir besonders viel Entspannung zu gönnen.

Tu, was auch immer du tun musst, um dich gut zu fühlen.

Du spürst selbst, wie oft du eine Auszeit brauchst, und alles ist okay, solange du dir wirklich Zeit nimmst und dich dabei gut fühlst. Belohne dich, wenn dir nach einer Belohnung ist, aber auch, wenn du einfach das Gefühl hast, für dich selbst da sein zu müssen. Schaffe regelmäßige Auszeiten in deinem Leben, um zu tun, was dir gut tut, sei es Yoga oder eine andere Sportart, ein TV-Abend mit Chips und Wein oder eine Gesichtsmaske und Maniküre. Tu, was auch immer du tun musst, um dich gut zu fühlen. Du bist es nämlich wert.

Was mir gut tut:

BODY POSITIVITY UND WARUM DU DIESE BEWEGUNG EINFACH LIEBEN MUSST

Body Positivity hier, Body Positivity da. Heute kommt man fast nicht mehr um diesen Begriff herum. Diverse Magazine, aber auch Modeunternehmen und natürlich auch die Social-Media-Welt ist voll mit Body Positivity. Doch was bedeutet dieser Begriff überhaupt? Als ich angefangen habe, über meine eigene Essstörung zu bloggen, war mir der Begriff „Body Positivity" noch nicht bekannt, und das, obwohl es eine Bewegung ist, die ihre Anfänge in den 60er Jahren hat. Meine allerersten Blogartikel waren eher negativ, da ich damals eine schwere Zeit durchmachte und gleichzeitig von der Oberflächlichkeit dieser Gesellschaft dermaßen genervt war, dass ich versuchte, so viele Menschen wie möglich anzuregen, alles zu hinterfragen, was uns begegnet: Werbung, Schönheitsideale, Diäten, Vorbilder … Es ist immens wichtig, dass wir nicht alles hinnehmen und akzeptieren, was uns gezeigt und vermittelt wird, deshalb sage ich immer: Wehrt euch! Ich habe vor Jahren angefangen, mich gegen den Druck zu wehren und ihn, so gut ich kann, anzugreifen. Das geht nun mal nicht nur mit Blümchen und Herzchen. Heute habe ich mein Ziel – bedingungslose Selbstliebe – klar vor Augen. Da es mir mit der Zeit zunehmend besser ging, führte ich auch über meine Erfolge, diesem Ziel näher zu kommen, Tagebuch. Die Beiträge wurden nach und nach positiver, hoffnungsvoller und motivierender. Ich kämpfte nicht nur für mein eigenes Wohlbefinden, sondern auch für das anderer Menschen.

Wehrt euch!

Als endlich meine persönliche Wende kam und ich anfing, Stück für Stück mit mir selbst Frieden zu schließen, sah ich zudem auf Instagram (natürlich, wo denn sonst?) den Begriff zum ersten Mal. Body Positivity. Eine Bewegung, die übersetzt aus den Worten Körper und Positivität zusammengesetzt ist. Also dachte ich, dass es darum geht, ein positives Körpergefühl zu entwickeln. Natürlich ist das ein wesentlicher und ganz wichtiger Bestandteil dieser Bewegung. Doch Body Positivity setzt sich unter anderem auch für Menschen ein, die nirgendwo repräsentiert und wegen ihrer körperlichen Merkmale diskriminiert werden. Dazu gehöre ich nicht, obwohl ich gemobbt wurde und in den Augen vieler nicht perfekt bin. Darunter fallen vor allem dicke, ja auch stark übergewichtige Menschen sowie Menschen mit einer anderen Hautfarbe, Menschen mit Behinderungen, transsexuelle Menschen und alle, die es nicht auf die Plakate, Laufstege und in die Magazine dieser Welt schaffen würden, weil sie in den Augen der Gesellschaft einfach zu „anders" sind. Dabei sind du, ich, wir alle stinknormal und doch besonders, eben jeder auf seine Art.

Das Problem der Nicht-Repräsentation dieser vermeintlichen Randgruppen kennen wir bestens: Man fühlt sich nicht vollkommen, nicht gut genug, nicht akzeptiert und willkommen in dieser Gesellschaft, weil der eigene Körper nirgendwo in den Medien repräsentiert wird, schon gar nicht auf den Laufstegen der Welt. Schließlich begegnet uns dort immer der äußerlich gleiche Typ Mensch. Und alle anderen? Die

Glückliche Menschen sind das, was unsere Welt dringend braucht.

passen scheinbar nicht in den Rahmen dieser seltsamen Normen. Die Body Positivity-Aktivistinnen und Aktivisten kämpfen für Repräsentation, aber auch für Akzeptanz und Toleranz von Vielfalt. Denn egal ob du schwarz, weiß, dünn oder dick bist, du hast nicht nur ein Recht auf Selbstliebe, sondern auch ein Recht auf Akzeptanz. In dieser Bewegung ist absolut jeder willkommen, und das ist wunderbar. Schließlich hat jeder Mensch ein Recht auf ein glückliches Leben, und mehr glückliche Menschen sind das, was unsere Welt dringend braucht. Glückliche Menschen, die im Reinen mit sich sind, sind in der Lage, Glück, Liebe und Toleranz zu verbreiten.

Du kannst also auch *body positive* sein und diese Bewegung unterstützen, indem du nicht nur deinen Körper akzeptierst, sondern auch andere Menschen so akzeptierst, wie sie sind und sie dazu inspirierst, es dir gleich zu tun. Du musst nicht zwingend jeden und alles schön finden, denn Schönheit liegt tatsächlich im Auge des Betrachters – da gebe ich diesem alten Sprichwort recht. Aber wenn wir es schaffen, uns gegenseitig aufzubauen, füreinander einzustehen, dann sind wir nicht nur gemeinsam stark, sondern wir erreichen viel mehr, als wenn wir Einzelkämpfer wären. Natürlich hat auch diese Bewegung Gegner, weil viele Menschen einfach nicht akzeptieren wollen, dass auch beispielsweise dicke Menschen so, wie sie sind, glücklich sein dürfen. Ich habe über die letzten Jahre nicht nur gelernt, mich und meinen Körper mit all seinen Makeln zu akzeptieren, sondern auch realisiert, dass jeder, absolut jeder es verdient hat, glücklich in seinem Körper zu sein.

Ich gehörte früher auch zu den Menschen, die dicke Personen kritisch angeschaut haben, sobald diese eine McDonalds-Filiale betreten haben. Auch ich dachte Dinge wie *Sollten sie wirklich hier essen? Würde ihnen Salat und Gemüse nicht gut tun?* Doch wie so viele Menschen war auch ich voller Vorurteile. Das Problem bei Vorurteilen ist, dass nicht nur die Urteilenden wissen, dass sie Vorurteile haben, sondern auch die, für die diese Vorurteile gelten. Vorurteile können so verletzend sein und einen auch im Leben einschränken, obwohl sie in der Regel nichts anderes sind als Dinge, die man, ohne jemanden zu kennen, denkt oder ausspricht, die jedoch nicht stimmen. Denn die weit verbreitete Meinung, dass dicke Menschen faul wären und sich nur von Fast Food ernähren, stimmt einfach nicht. Einschränkend sind Vorurteile, weil sie dicke Menschen daran hindern, sich zu entfalten, glücklich und zufrieden zu sein, da sie permanent zu hören bekommen, was sie anscheinend sind oder was sie angeblich tun.

Stell dir vor, eine dicke Person muss sich dauernd anhören, dass sie faul ist und dick und nicht schön genug. Solche Aussagen hinterlassen bei dieser Person einen Schaden. Sie denkt, dass sie nicht in diese Gesellschaft hineinpasst, weil es ihr ständig gesagt wird. Nicht nur mit Worten, sondern auch mit Blicken. Diese Person, die angeblich faul ist, möchte sich gern mehr bewegen, aber sie traut sich nicht, an Orte zu gehen, wo auch andere Menschen sich sportlich betätigen. Eine Person, die sich aufgrund gesellschaftlicher Vorurteile nicht wohlfühlt, hat es nicht leicht, sich selbst zu akzeptieren geschweige denn etwas für sich selbst zu tun. Denn diese Person wird immer versuchen, sich gesellschaftlichen Standards anzupassen, und zwar auf eine Art und Weise, die sie nicht glücklich machen wird.

Deshalb ist es wichtig, dass wir alle Menschen einfach in Frieden leben lassen und sogar unterstützen, für sie einstehen und so die Body-Positivity-Bewegung stärken. Denn es gibt da draußen sehr viele Menschen, die diese Art von Unterstützung dringend nötig haben. Außerdem ist Vielfalt und Individualität einfach cool. Wäre ja langweilig, wenn wir alle gleich aussähen.

Falls du dich auch gerne inspirieren lassen möchtest, gibt es in der Instagram-Welt ganz tolle Menschen, die für mehr Selbstliebe, aber vor allem für mehr Vielfalt kämpfen. Keines dieser Instagram-Profile ist allerdings deutschsprachig, was zeigt, dass wir hierzulande noch aufzuholen haben:

@bodyposipanda
Megan war die erste Person, der ich auf Instagram gefolgt bin. Sie beschäftigt sich wie ich mit dem Weg aus der Essstörung zur bedingungslosen Selbstliebe. Sie wird auch gerne als Online-Queen der Body-Positivity-Bewegung gesehen. Außerdem hat auch sie ein tolles Buch rausgebracht: „Body Positive Power"

@dothehotpants
Dana ist meine persönliche Lieblingsfeministin, weil sie sich konsequent gegen das Schönheitsideal von haarlosen Frauenkörpern wehrt und ihre Beinbehaarung einfach wachsen lässt. Das braucht definitiv Mut. Außerdem spricht sie Themen an, die anderen unangenehm sind.

@scarrednotscared
Michelle hatte unzählig viele Operationen. Ohne diese Operationen würde sie wahrscheinlich nicht mehr auf dieser Welt sein. Diese Operationen haben Narben hinterlassen. Sie spricht offen über ihre Narben und warum man sich nicht für sie schämen sollte, aber auch über das Leben dicker Menschen.

Weitere Instagram-Profile, die mich täglich inspirieren:
@chooselifewarrior
@_kellyu
@nourishandeat
@calliethorpe
@NEDA
@glitterandlazers
@selfloveliv
@allisonkimmey
@thisisjessicatorries
@discoveringcasey
@the.ripple
@radiantbambi
@strutbymic
@theashleygraham
@bodyimagemovement
@jessamyn
@bodypositivememes
@becomingbodypositive
@selfloveclubb

MAI UND JULI 2014

Die letzten beiden Monate waren ein Auf und Ab der Gefühle. Ich hatte kaum Sport getrieben, weil ich absolut keine Energie mehr hatte. Gleichzeitig versuchte ich, mir nichts mehr zu verbieten, wenn es ums Essen ging. Da ich mir aber das letzte Jahr über angewöhnt hatte, Essen mit Sport zu verbinden und weniger zu essen, wenn ich mal keinen Sport machen konnte, war meine Beziehung zum Essen noch komplizierter geworden, als sie es ohnehin schon war. Ich aß zwar wieder mehr und auch vielfältiger, aber kein Tag verging, an dem ich kein schlechtes Gewissen deswegen hatte. Ich konnte wieder zusehen, wie die Hosen langsam enger wurden. Wenn ich jetzt sagen würde, dass ich über Diäten und Schönheitsideale hinweg war und mir das alles nichts mehr ausmachte, würde ich lügen. Ich war leider noch nicht stark genug und ließ mich von Instagram und seinen großen *Vorbildern* wieder zu einem brandneuen Abnehm-Programm verleiten, bei dem betont wurde, dass es keine Diät sei, sondern eine Hilfe, das Gewicht dort einzupendeln, wo es angeblich hingehörte. Außerdem sollte es der Start zu einer dauerhaft gesunden und ausgewogenen Ernährungsweise ohne Verbote sein. Das war genau das, was ich suchte. Essen, ohne mir etwas zu verbieten.

Da meine Mama auch immer wieder für neue Abnehm-Programme zu haben war, weil auch sie lange versuchte, Gewicht zu verlieren und ich ihr mit diesem Programm und seinen Motivationssätzen Honig ums Maul schmierte, konnte ich sie überreden. Sie wollte aber zuerst nicht, dass ich auch mitmachte, weil sie wusste, dass es nichts Gutes für mich bedeuten konnte nach allem, was ich durchgemacht hatte. Ich schwindelte aber ein bisschen und sagte ihr wie auch allen anderen, die mich wieder mal gewarnt hatten, dass bei mir alles in Ordnung sei und ich es nur machte, um sie zu unterstützen. Ich plapperte einfach den ganzen Kram („Das ist keine Diät. Das ist eine dauerhaft gesunde und ausgewogene Ernährungsweise, blablabla") nach, und so kauften wir beide diverse Nahrungsergänzungsmittel, die zu diesem Programm dazugehörten.

Wenn aber eine Diät oder von mir aus ein Programm nicht alle Nährstoffe enthält, die der Körper braucht, um den Tag zu bewältigen, dann kann das nichts Gutes bedeuten. Dazu kam, dass man drei Wochen lang nur 500 Kalorien essen durfte und natürlich - wie so oft bei Diäten - möglichst keine Kohlenhydrate und keine Fette (nicht einmal die guten Fette). Da fragst du dich bestimmt, was man denn überhaupt essen kann, wenn man zwei wichtige Nährstoffe umgehen muss. Gemüse, aber auch nicht jedes Gemüse, denn sowohl Tomaten als auch Mais waren nicht erlaubt, da der Kohlenhydrat-Anteil zu hoch ist. Wie bei gewissen Gemüsearten gilt das auch für sehr viele Früchte, sodass zum Beispiel Bananen „hochgefährlich" waren.

Letztendlich war ich irgendwann so weit, dass ich nach dieser ach so tollen Diät sogar Angst hatte, Bananen zu essen. Bananen sind Früchte, und Früchte sind doch gesund? Ich liebe Bananen und bin so froh, dass ich inzwischen über meine Ängste hinweggekommen bin, denn es gibt mindestens drei gute Gründe, die für Bananen sprechen: Banana Split, Bananenshake und Crêpes mit Banane und Schokolade - natürlich nicht jeden Tag, aber ich kenne kaum eine Person, die diese Dinge jeden Tag essen würde. Wie bei allem im Leben kommt es auf das Maß an.

> Letztendlich war ich irgendwann so weit, dass ich nach dieser ach so tollen Diät Angst hatte, Bananen zu essen.

Jedenfalls haben wir dieses Programm beide durchgezogen, und ich verlor tatsächlich so einige Kilos, war aber nach drei Wochen nicht glücklicher, auch wenn mir mein Spiegelbild gefiel. Denn die Angst vor dem Jojo-Effekt war wieder da.

Am letzten Wochenende der dreiwöchigen Phase fuhr ich mit meinem Freund in den Süden der Schweiz, um ein paar schöne Tage am See mit viel Sonnenschein zu verbringen. Ich hätte mich an diesen Tagen an meine Ernährungsregeln halten müssen, also 500 Kalorien und kaum Kohlenhydrate und ja kein Fett. Das tat ich am ersten Urlaubstag beziehungsweise vorletzten Tag dieser Diät auch. Am Tag darauf, also dem lang ersehnten letzten Tag der Diät aber nicht, weil ich erstens nicht mehr konnte, ich wollte endlich wieder etwas Leckeres, Saftiges und Kalorienhaltiges essen. Zweitens wollte ich das Wochenende einfach mit meinem Freund genießen, und das konnte ich nicht, wenn er im Restaurant das bestellte, was ich auch gerne gegessen hätte, aber nicht durfte.

Das ist in meinen Augen übrigens ein Grund mehr, nie wieder Diät zu halten! Lieber genieße ich die Zeit mit Freunden und Familie mit leckerem Essen und nehme dafür ein paar Kilos mehr in Kauf, als dass ich ständig Dates absagen oder zusehen müsste, wie andere genießen, während ich Diät halte und an meinem Gemüse rumknabbere. Da wäre zwar noch eine anschließende Aufbauphase gewesen, bei der man die Kalorienzufuhr ein bisschen erhöhen durfte und langsam mehr und mehr Lebensmittel in die Ernährung einbauen konnte. Die beendete ich aber nach nicht einmal einer Woche, weil die Heißhungerattacken zurückgekehrt waren und mit dem Heißhunger auch die Essanfälle. Da dachte ich, dass eine solche Aufbauphase nach so vielen Essanfällen wohl überflüssig war. Außerdem hatte ich echt keine Lust mehr, weder auf Diäten noch auf Aufbauphasen und schon gar nicht mehr aufs Kalorienzählen. Ich wollte wieder einfach essen, ohne auf irgendwelche Zahlen zu achten.

Ich hatte endlich diesen Punkt erreicht, an dem ich wirklich nicht mehr konnte, und nahm meinen ganzen Mut zusammen, um bei einer Psychologin in meiner Nähe den ersten Termin zu vereinbaren. Schließlich war es ein großer Schritt und die Aufregung groß, da ich bereit war, etwas zu ändern. Da sie so ausgebucht war (was leider sehr häufig der Fall ist), konnten wir uns erst Anfang September treffen. Was sollte ich in der Zwischenzeit also tun? Ich versuchte all die Ängste, die ich gegenüber Lebensmitteln entwickelt hatte, zu überwinden und integrierte nach und nach mehr Lebensmittel wieder in meine Ernährung. Ich scheiterte unglaublich oft, weil man Gewohnheiten nicht so schnell ändern kann, vor allem, wenn die Gewohnheiten schon so lange bestehen. Ich war es gewohnt, Diät zu halten und demnach zeitweise zu hungern, um dann später wieder zuzuschlagen. Ich merkte aber, dass der Wille, den Essattacken ein Ende zu setzen, größer wurde. Und wenn der Wille einmal wirklich da ist, dann kann man alles schaffen, was man sich vornimmt, egal wie lange man dafür braucht. Ich wollte eine Veränderung, und die habe ich mir Stück für Stück erarbeitet.

15 WIESO AUSGERECHNET DU SELBSTLIEBE VERDIENT HAST

Würdest du deiner Freundin sagen, dass sie nicht gut genug ist? Dass sie ihren Körper verändern soll? Dass sie abnehmen muss?

Es kann sein, dass du auf deiner Reise zu einem selbstbewussten, glücklichen und zufriedenen Ich an dem Punkt ankommst, wo du denkst oder sogar überzeugt davon bist, dass tatsächlich jeder Selbstliebe, Respekt und Toleranz verdient hat. Und damit meine ich auch wirklich jeden, auch Menschen, die von der Norm stärker abweichen als andere. Nur dass ausgerechnet du Selbstliebe verdient hast, magst du irgendwie immer noch nicht recht glauben. Vielleicht passiert es auch dir wie mir damals, dass du Menschen siehst, die mehr auf den Hüften haben als du und du sie wunderschön findest. Du bewunderst ihre Ausstrahlung und hättest niemals etwas an ihnen auszusetzen. Doch bei dir klappt das noch nicht so ganz, denn du denkst immer noch, dass du es nicht wert bist, dich selbst bedingungslos zu akzeptieren und zu lieben. Gut möglich, dass du alle um dich herum toll findest, egal wie sie aussehen und egal welche Hautfarbe, welche Statur, welches Alter, welchen

Körperbau, welche Besonderheiten und welches Geschlecht sie besitzen, doch du findest dich (noch) nicht schön.

Falls das der Fall ist oder irgendwann der Fall sein wird, dann lass mich dir eines sagen: Wenn es jeder verdient hat, dann auch du. Dein Kopf sagt dir in solchen Momenten einfach das Falsche und lässt dich zweifeln und denken, dass du nicht vollkommen wärst. Doch was fehlt dir? Was lässt dich an dir selbst zweifeln? Wieso bist du überzeugt davon, dass du nicht wertvoll genug bist, um im Reinen mit dir zu sein?

Wenn du darüber nachdenkst, dann stell dir einfach mal vor, du würdest diese Dinge, die du an dir selbst bemängelst, einer Freundin vorwerfen. Stell dir vor, du würdest ihr sagen, sie hätte dieses zu viel und jenes zu wenig, und überhaupt sei sie einfach nicht gut, wie sie ist. Es gibt keinen Grund, wieso du einer Freundin so etwas vorwerfen solltest, also gibt es auch keinen, es dir selbst sagen. Ich weiß, das ist vielleicht nicht einfach einzusehen, nachdem du jahrelang davon überzeugt warst, nicht gut genug zu sein, aber es ist einfach so. Es gibt keinen Grund, wieso du Selbstliebe nicht verdient haben solltest. Stattdessen kann ich dir ein paar andere Dinge aufzählen, die du definitiv nicht verdient hast: nämlich dass man dir jemals das Gefühl gegeben hat, dass du Selbstliebe nicht verdient hättest, egal wer oder was es war. Du hast es nicht verdient, dass dein Körper schlecht behandelt wird, genauso wenig hast du es verdient, dass dein Körper nicht das bekommt, was er braucht. Du hast den Selbsthass nicht verdient. Wenn dir klar wird, was du alles nicht verdient hast, hilft es dir vielleicht einzusehen, dass du Selbstliebe sehr wohl verdient hast. ♥

16 VORBILDER

Hast du Vorbilder in deinem Leben? Wen?

Nachrichten, wie ich sie täglich erhalte: „Morena, du bist mein Vorbild. Ich möchte so gerne so sein wie du. Ich möchte mich auch endlich selbst lieben können." „Ich möchte auch glücklich und positiv durch das Leben gehen wie du." „Ach, wenn ich nur so hübsch sein könnte wie du. Du bist so toll, ich wünschte, ich wäre wie du."

Wenn ich jetzt sagen würde, dass solche Nachrichten nicht eine klitzekleine Freude bei mir hinterlassen, wäre das gelogen. Denn ganz ehrlich, wer würde nicht gerne als Vorbild gesehen werden? Und doch fühlt es sich nicht ganz richtig an. Es ist zwar schön, ein Vorbild zu sein, denn das gibt mir das Gefühl, etwas richtig gemacht zu haben und dass ich in der Lage bin, andere zu inspirieren.

Aber was passiert, wenn du jemanden zum Vorbild machst und ihn so auf ein Podest stellst? Ohne dass es dir richtig bewusst ist, positionierst du diese Person höher als dich selbst. Wenn du dir wünschst, das Leben, die Figur oder sonst etwas zu haben,

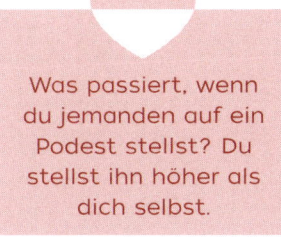

das eine andere Person hat, gibst du dir selbst das Gefühl, dass du nicht gut genug bist, zumindest so lange nicht, bis du dasselbe erreicht hast wie dein Vorbild. Dabei bist du, egal wo du im Leben stehst, immer gut genug und bestimmt nicht weniger wert als irgendein Vorbild.

Selbstverständlich können Vorbilder motivierend sein, und ich bin mir sicher, dass auch ich schon einige Menschen motiviert habe, sich selbst anzunehmen. Vorbilder sind nicht per se schlecht, schon gar nicht, wenn es positive Vorbilder sind. Dennoch sorgen sie dafür, dass du dich – bewusst oder unbewusst – schlecht fühlst. Du musst dir bewusst sein, dass du das, was du tust, in deinem eigenen Tempo machen darfst, egal ob es um Selbstliebe oder etwas anderes geht, was du erreichen möchtest.

Auch ich hatte lange Zeit Vorbilder, bis ich irgendwann entschieden habe, mich neben all den anderen Vorbildern, die ich so toll fand, selbst auf dieses Podest zu stellen. Denn ich habe irgendwann begriffen, dass ich auf meine eigene Art und Weise lernen muss, Frieden mit mir zu schließen. Andere konnten und können immer noch als Inspiration dienen, so wie ich das bestimmt auch für andere bin, ohne dass es mir bewusst ist. Aber letztendlich sollte man immer sein eigenes Vorbild sein. Denn wenn man sein Bestes gibt, macht man alles richtig. Du musst auch nicht dasselbe erreichen, was andere bereits erreicht haben. Es geht um dein Leben, deine Gefühle, deine Erfahrungen, deine Ziele, deine Gedanken, deine Sorgen. Nicht um jemand anderen. Das ist das, was ich auch meinen Lesern sage. Es ist zwar lieb, und es ehrt mich, wenn jemand mich als Vorbild für Selbstliebe sieht, aber ich möchte keinem das Gefühl geben, dass ich etwas Besseres bin, weil ich es geschafft habe, mich selbst anzunehmen. Ich möchte auch niemals, dass sich jemand unter Druck gesetzt fühlt oder traurig ist, weil er noch nicht so weit ist wie ich. Denn jeder meistert die Dinge in seinem eigenen Tempo.

Gerade wenn es darum geht, sich selbst anzunehmen und lieben zu lernen, braucht jeder Mensch unterschiedlich viel Zeit. Das ist eine ganz individuelle Sache. Zudem ist es ein Prozess, der niemals ganz abgeschlossen ist. Man muss immer wieder daran arbeiten. Auch ich. Deswegen kann ich dir nur raten, niemals den Körper einer anderen Person oder diese Person selbst als Vorbild für dein Leben und deinen Körper zu nehmen. Kein Körper ist besser als der andere. ❤

17 BRIEF AN MEINEN KÖRPER

Wenn du deinem Körper einen Brief schreiben könntest, was würdest du schreiben? Was würdest du ihm gerne sagen?

Lieber Körper!

Es tut mir leid, dass ich immer dachte, du seist nicht gut genug für unsere Gesellschaft. Ich dachte immer, ich müsste dich verändern, disziplinieren, dich fordern und dich bestrafen, wenn du nicht nach meinen Regeln oder den Regeln dieser oberflächlichen Gesellschaft funktioniert hast. Meine Regeln waren auch nicht einfach zu befolgen, denn wie hättest du ohne Energiezufuhr all diesen Sport meistern können? Du warst nicht der Versager in diesem Spiel. Du hattest nie Schuld, auch wenn ich es dir immer wieder gesagt habe. Ich hatte dich falsch eingeschätzt, als ich dachte, dass du mit wenig Essen und viel Sport zurechtkommen würdest. Ich fand das selbstverständlich. Ich wusste es nicht besser, wie auch? Ich hatte niemanden, der mir sagte, wie ich es richtig machen konnte. Überall liest man, dass Sport und eine ausgewogene Ernährung gesund sind. Doch was bedeutet das? Wie viel Sport, was für Sport, und was ist eine ausgewogene Ernährung? Von so vielen Seiten bekommen wir täglich gesagt, wie man zu essen hat, welche Lebensmittel nicht gut sind, von welchen man wenig verzehren sollte. Ich habe mir Informationen aus dem Internet geholt und sowohl Instagram als auch Google, aber auch etlichen Magazinen vertraut, anstatt auf dich zu hören. Ich dachte immer, ich wüsste, wie viel Sport nötig ist, um gut auszusehen. Dabei hätte ich von Anfang an anders denken sollen. Denn Sport dient nicht primär dazu, gut auszusehen, weil Aussehen nicht das Wichtigste im Leben eines Menschen sein darf. Mein Ziel hätte nicht sein sollen, bestmöglich auszusehen (was auch immer das heißen mag) und dich, um dieses Ziel zu erreichen, zu quälen. Nein, mein Ziel hätte von Anfang an die Gesundheit sein sollen, denn Gesundheit ist das, was du verdienst, und ich weiß, dass sie lange viel zu kurz gekommen ist.

Es tut mir leid, dass ich deine Warnsignale ignoriert habe. Du hattest immer nur Gutes im Sinn. Das wusste ich damals nur nicht. Ich hätte auf dich hören sollen, als du meinen Magen nachts immer wieder zum Knurren gebracht hast, damit ich endlich etwas esse, weil du tagsüber einfach zu wenig Energie bekommen hast. Ich dachte aber wie jede Nacht, als ich Hunger verspürte, nur daran, wie gut ich aussehen würde, wenn ich diese Signale weiterhin ignoriere. Jedes Mal, wenn mein Magen im Bett knurrte, schlief ich mit einem Lächeln ein, weil ich mir schon vorstellte, wie dünn ich irgendwann sein würde. Das war so falsch von mir!

Ich hätte auch auf dich hören sollen, als du mir mit meinen schmerzenden Knien befohlen hast, eine Pause einzulegen. Ich hätte auf dich hören sollen, als du Schokolade haben wolltest, weil wir Schokolade doch so gern haben, schon seit ich denken kann. Und ich hätte definitiv auf dich hören müssen, als du mir mit schlaflosen Nächten immer wieder gezeigt hast, dass du mit all diesem seelischen Stress nicht fertig wirst.

Ich weiß, ich habe Fehler begangen, aber du hast es sicher schon gemerkt: Ich mache es schon seit geraumer Zeit wieder gut. Ich mache den Sport, den ich mag, und nur dann, wenn du dich danach fühlst. Im Gegensatz zu früher warte ich, bis du ausgeruht bist, und zwinge dich zu nichts, wenn dir ein bisschen Rumliegen lieber ist. Ich gebe dir die Ernährung, die du brauchst, um mich mit Energie den Tag bewältigen zu lassen. Ich habe aus meinen Fehlern gelernt und möchte auch anderen zeigen, dass es anders geht und dass unsere Körper viel mehr sind als Objekte zum Anschauen und Bewerten. Ich möchte anderen beibringen, wie man sich selbst lieben lernen kann, denn wir können alle voneinander lernen. Heute weiß ich, dass du, lieber Körper, einzigartig bist, so wie andere Körper auch einzigartig sind. Wir haben keinen Grund, unsere Körper miteinander zu vergleichen, denn wir sind so oder so alle unterschiedlich. Jeder ist auf seine Art und Weise schön.

Diesen Brief habe ich, in einer kürzeren Version, vor längerer Zeit geschrieben und auf meinem Blog veröffentlicht, als ich realisierte, was ich meinem Körper über die letzten Jahre angetan habe. Uns ist oftmals nicht bewusst, dass alles, was wir machen, unseren Körper einschließt. So wie es wichtig ist,

Sorge für die Seele zu tragen und zu schauen, dass es der Seele gut geht, damit man glücklich ist, ist es auch wichtig, dass man Sorge für den Körper trägt. Denn man hat nur diesen einen Körper von Anfang an bis zum Ende. Du wirst ihn nicht los, und deshalb kannst du es dir in deinem Körper auch gemütlich machen anstatt gegen ihn zu kämpfen oder ihn verändern zu wollen. Mit ihm in Frieden zu leben ist viel schöner, als ständig im Kampf mit ihm zu sein. Er ermöglicht uns so viel, und er weiß, was gut für uns ist. Man muss einfach auf seine Signale hören. Selbstliebe ist, wenn man lernt, die Bedürfnisse des Körpers mit den Bedürfnissen der Seele zu vereinen und auf die Ideale, mit denen wir ständig konfrontiert werden, einfach zu pfeifen. ♥

SEPTEMBER 2014

Nun war es endlich September, und ich konnte mein Erstgespräch bei der Psychologin kaum erwarten. Ich ging also hin und genau so, wie ich ein paar Monate zuvor mein Herz bei meiner Cousine ausschüttete, machte ich es auch bei ihr. Ich wollte mir unbedingt helfen lassen und die Essstörung loswerden. Das Problem war, dass die Termine für die Behandlung sehr viel Zeit in Anspruch genommen hätten. Außerdem waren da noch die Kosten, die ich in voller Höhe selbst hätte übernehmen müssen. Und da ich noch studierte, hatte ich weder viel Zeit noch Geld. Wenn man die Möglichkeit hat, in eine Therapie zu gehen, sollte man diese Chance unbedingt nutzen. Es ist wichtig, dass man für seine Psyche und seine Seele genauso Sorge trägt wie für seinen Körper. Essstörungen und seelische Leiden sind nichts, wofür man sich schämen muss, und wann immer ich E-Mails erhalte von Leserinnen und Lesern, die unter Essstörungen leiden, empfehle ich immer eine Therapie oder zumindest ein Erstgespräch bei einem Psychologen. Denn es ist schwierig, eine solche Störung allein zu besiegen, das sagen auch Fachleute. Es ist zwar möglich, aber es ist nicht einfach, denn das Besondere an Essstörungen ist, dass das Problem in einem Bereich liegt, der lebensnotwendig ist. Im Gegensatz zu Alkohol- oder Drogenabhängigen werden Menschen, die unter einer Essstörung leiden, jeden Tag mit ihrem Problem konfrontiert. Nicht dass es einfach wäre, clean oder abstinent zu bleiben, aber Drogen oder Alkohol braucht man nicht, um zu überleben.

Wie ich es geschafft habe, die Essstörung ohne therapeutische Hilfe zu besiegen, weiß ich bis heute nicht. Aber ich vermute, dass es eine Mischung aus starkem Willen, unterstützender Umgebung und meinem Blog beziehungsweise meiner Community war. Ich wusste, dass ich nicht nur für mich kämpfe, sondern auch für ganz viele Menschen da draußen. Außerdem war ich unglaublich sauer auf das System, das so viele Menschen in Essstörungen

> **Wenn du das liest und eine Essstörung hast, dann nimm dir bitte zu Herzen: Du darfst dir professionelle Hilfe holen!**

und Selbsthass treibt, und war deshalb fest entschlossen, etwas dagegen zu tun.

Aber wie gesagt, ich bin eher die Ausnahme als die Regel und ich weiß durch den Austausch mit meinen Leserinnen und Lesern, wie lange es dauern und wie schwierig es sein kann, aus einer Essstörung herauszukommen. Wenn du das liest und eine Essstörung hast, dann nimm dir bitte zu Herzen: Du darfst dir professionelle Hilfe holen! Am Ende dieses Buches findest du auch Adressen, an die du dich wenden kannst.

An dieser Stelle möchte ich auch ein Buch von Herzen empfehlen. Vorab sei aber ausdrücklich gesagt, dass dieses Buch und seine Prinzipien nicht zwingend Essstörungen heilen, wie es auch mein Buch nicht tut. Beide Bücher können dabei helfen, dir die Augen zu öffnen, aber eine Essstörung ist nicht durch ein einziges Buch geheilt. Das Buch, das mir sehr geholfen hat, nenne ich gern meine „Bibel", denn ich bin überzeugt, dass ich ohne dieses Buch nicht da stehen würde, wo ich heute bin. Es heißt „Intuitiv Abnehmen" und ist von Elyse Resch und Evelyn Tribole. Leider ist der Buchtitel sehr unglücklich übersetzt worden, denn in seiner Originalsprache, also Englisch, heißt es „Intuitive Eating" (= Intuitiv Essen).

Im Buch geht es darum, wie man mit dem Essen Frieden schließt. Es kann aber unter Umständen sein, dass man mit Intuitivem Essen tatsächlich abnimmt, da sich das Gewicht dort einpendelt, wo man ein normales Essverhalten erreicht, also ohne Hungern, aber auch ohne Überessen. Ist auch logisch, denn wenn man das isst, worauf man Lust hat, verspürt man auch keinen Heißhunger. So kommt es auch nicht zu Essanfällen. Und wenn man aufhört, sobald man satt ist, isst man auch nicht mehr, als der Körper braucht. Wenn man das vorher nicht so gehandhabt hat und mehr gegessen hat, als der Körper wirklich braucht, und das über Jahre, dann kann es schon sein, dass man durch Intuitives Essen Gewicht verliert. Ich möchte aber an dieser Stelle betonen, dass es wirklich kein Programm ist und keine Diät. Das Buch erklärt auf eine nachvollziehbare Art und Weise, wie man die Diätmentalität ablegen kann, wie Heißhunger entsteht und wie es zu Essanfällen kommt und wie man Frieden mit dem Essen schließt. Dieses Buch enthält unglaublich viel Wissen über alles, was mit Essen, Hun-

> Im Gegensatz zu früher spielt es heute aber keine Rolle mehr, ob und wie viel ich zunehme.

ger, Sättigung usw. zu tun hat. Ich kann dir das Buch wirklich nur empfehlen. Es hat auch schon vielen meiner Leserinnen und Leser helfen können.

Ich habe in den letzten drei Jahren mehrfach abgenommen und auch wieder zugenommen. Inzwischen ist es mir nicht mehr wichtig, ob und wie viel ich zunehme. Und wenn ich abnehme, dann nehme ich es einfach zur Kenntnis, weil ich meinem Gewicht und meiner Figur keinen hohen Stellenwert mehr gebe. Ich habe weder positive Gefühle, wenn ich abgenommen habe, noch negative, wenn ich zugenommen habe, und damit bin ich glücklich.

SEPTEMBER 2016

Nachdem ich das Buch „Intuitiv Abnehmen" gelesen hatte, ging es nur noch bergauf. Ich konnte es manchmal selbst nicht fassen, was der Wille in mir für eine Wirkung hatte. Jedes Mal, wenn ich eine Woche ohne Heißhunger und Essanfälle überstanden hatte, fühlte ich mich großartig. Diese Erfolgserlebnisse waren wohl der Grund, wieso ich so motiviert war. Außerdem verstand ich nun, dass meine Essanfälle darin begründet waren, dass ich permanent Diät hielt. Diese Erkenntnis gab mir letztendlich auch einen inneren Frieden. Die Essattacken wurden nach und nach weniger. Die wenigen, die ich anfangs doch noch hatte, waren etwas deprimierend, weil ich mir wirklich Mühe gab, mir nichts mehr zu verbieten. Aber der Mensch ist ein Gewohnheitstier und braucht Zeit, um sich umzugewöhnen. Ich war es gewohnt, mich zu überessen, wie ich auch die negativen Gedanken rund um meinen Körper gewöhnt war. Zudem musste ich auch meine Diät-Mentalität ablegen. Auch das war nicht so ganz einfach, da mein gesamtes Umfeld – Freunde, Verwandte, die Medien – immer wieder von den neuesten Diäten berichteten.

Aber dieses Mal war ich endlich stärker, weil mir klar war, welche Wirkung Diäten auf mich hatten. So wie die letzten Jahre wollte ich nicht mehr leben. Ich wollte viel lieber glücklich sein als einer angeblichen Traumfigur nachzueifern, nur um anderen zu gefallen und dafür wieder unglücklich zu sein. Man sollte sein Ziel immer klar vor Augen haben, dann gelingt es irgendwann, nicht mehr vom Weg abzukommen. Denn es wird immer Menschen geben, die dir das Gefühl geben, nicht gut genug zu sein, die Schönheits- sowie auch die Werbeindustrie natürlich eingeschlossen.

Das ist auch das, was ich meinen Leserinnen und Lesern immer wieder sage. Es muss Klick machen. Jeder ist für sein eigenes Glück verantwortlich. Ich musste für mich selbst kämpfen, wie du auch für dich selbst kämpfen musst. Viele Leser erhoffen sich, auch wenn sie es nicht aussprechen, dass ich ihnen alle Sorgen nehmen kann, dass ich ihnen Selbstbewusstsein schenke, ohne, dass sie etwas dafür tun müssen. Das geht aber leider nicht. Was ich als Außenstehende heute tun kann, ist zu zeigen, wie es geht und worauf man achten kann, aber auch aufklären, wieso wir ständig das Gefühl haben, nicht gut genug zu sein.

Im September 2016 tat ich das dann zum ersten Mal nicht wie bisher nur online, denn ich wurde von einer Schülerin, die eine Arbeit über Essstörungen schrieb, eingeladen, an einem Vortrag über Essstörungen teilzunehmen, und zwar gemeinsam mit einer Fachfrau, die in der Prävention für Essstörungen arbeitet. Ich erzählte nicht nur meine Geschichte, ich durfte auch meine Message an noch mehr Menschen weitergeben. Das war so ein tolles Gefühl, zusammen mit einer Fachfrau auf der Bühne zu stehen und den Menschen zu erzählen, wie wichtig es ist, dass man ein positives Körperbild hat, und wo die Gefahren lauern, die einen negativen Einfluss darauf haben könnten. Wir konnten gemeinsam sowohl bei einigen Jugendlichen als auch deren Eltern das Bewusstsein für Essstörungen fördern.

Es war mein erster Vortrag dieser Art, und nicht mein letzter seither. Gemeinsam kamen unsere Worte so gut an, dass wir uns entschieden, diese Art von Vorträgen gemeinsam weiterzuführen. Sie übernimmt jeweils den theoretischen Teil mit allen wichtigen Fakten, und ich erzähle einerseits von meiner Geschichte, aber auch, wie man lernt, wieder auf den Körper zu hören, sich selbst anzunehmen und all die Dinge, die auch du hier mithilfe dieses Buches lernen kannst. Wir haben gemerkt, dass die Nachfrage und der Bedarf da sind und dass es wichtig ist, dem Diätwahn den Kampf anzusagen. Und deshalb machen wir immer weiter.

Aber was für mich auch heute, nochmals ein Jahr und einige Vorträge später, unglaublich ist, ist meine eigene Entwicklung. Ich war immer die Unsichere, die mit den vielen Selbstzweifeln, die immer dachte, sie sei nicht gut genug. Die, die ihrem Körper nicht viel Positives abgewinnen konnte, weil sie dachte, er würde nie schön genug sein. Die, die dachte, niemals zu den Schlanken, Schönen und Beliebten gehören zu können. Ich könnte noch ewig so fortfahren. Ich weiß,

> Ich habe gelernt, mich nicht mehr über meinen Körper zu definieren, weil ich so viel mehr bin als meine Hülle. Ich weiß, dass mein Körper gut ist, wie er ist.

dass meine Vergangenheit zu mir gehört und wichtig ist, weil sie ein Teil von mir ist und mich vieles gelehrt hat. Aber sie ist die Vergangenheit und liegt hinter mir. Ich habe gelernt, mich nicht mehr über meinen Körper zu definieren, weil ich so viel mehr bin als meine Hülle. Ich weiß, dass mein Körper gut ist, wie er ist.

Ich kann heute in den Spiegel schauen, ohne mich schlecht zu fühlen, weil ich weder der Schönheitsindustrie noch der Werbung die Chance gebe, mir vorzuschreiben, wie ich zu sein habe. Aber ich musste erst lernen, in den Spiegel zu schauen und all die Dinge zu tun, die ich dir mit diesem Buch auf den Weg mitgegeben habe. Ich musste auch lernen, gut zu mir zu sein. Ich bin einfach ich und gut, genau so, wie ich bin. Das auszusprechen, war auch für mich anfangs nicht einfach, aber je öfter man es sagt und denkt, desto einfacher wird es. Außerdem stärkt es einen tatsächlich. Das mit dem Selbstliebe-Rebellen funktioniert. Du musst es zulassen. Dein Wille entscheidet.

18 ES IST OKAY, HILFE ZU HOLEN

Mir ist klar, dass nicht jeder, der dieses Buch liest, eine Essstörung hat oder ein essgestörtes Verhalten aufweist. Falls du jedoch das Gefühl hast, dass mit deinem Essverhalten etwas nicht in Ordnung ist, dann zögere bitte nicht, dir professionelle Unterstützung zu suchen. Viele schämen sich, weil sie denken, das wäre peinlich oder ein Zeichen von Schwäche.

Dabei rutscht man so schnell ab, oft merkt man es selbst gar nicht. Wie ich schon mehrmals betont habe, muss sich niemand für seine psychischen Leiden schämen, also auch nicht dann, wenn man ein Problem mit dem Essen hat.

Essstörungen kommen in so vielen verschiedenen Formen vor, und meine Geschichte ist nur eine von vielen. Falls du das Gefühl hast, in einer Essstörung festzustecken, oder du denkst, dass du ein essgestörtes Verhalten hast, dann zögere bitte nicht, eine Psychologin oder einen Psychologen wenigstens für ein Erstgespräch aufzusuchen. Auch wenn du unter Depressionen leiden solltest oder merkst, dass du mit deinen Sorgen nicht zurechtkommst, zögere nicht. Schließlich schämen wir uns ja auch nicht, Medikamente gegen körperliche

Schmerzen einzunehmen oder wenn wir erkältet sind. Seelische Leiden sind genauso normal wie körperliche, und deshalb ist es völlig okay, dass man über sie spricht wie es auch okay und wichtig ist, dass man etwas gegen sie unternimmt. Du bist stark, egal wie viele Sorgen dich manchmal plagen, und du bist ganz sicher nicht schwach, wenn du etwas gegen sie unternimmst, im Gegenteil: Ich finde das so stark! Auch ich spreche offen über meine Essstörung und habe es nicht bereut.

Vielleicht liest du das hier gerade, ohne dass du selbst davon betroffen bist, jedoch kennst du jemanden, der diesen Anstoß braucht. Hier finden Betroffene Hilfe:

DEUTSCHLAND:

Frankfurter Zentrum für Essstörungen
www.essstoerungen-frankfurt.de
+ 49 69 - 55 73 62
info@essstoerungen-frankfurt.de

ÖSTERREICH:

Institut für Frauen- und Männergesundheit Wien
www.fem.at/

Frauengesundheit Wien
www.wien.gv.at/gesundheit/beratung-vorsorge/frauen/

Forum Prävention Bozen
www.forum-p.it/de/fachstellen/infes-1023.html

SCHWEIZ:

Fachstelle PEP am Inselspital in Bern
www.pepinfo.ch
+ 41 76 368 96 17
fachstelle@pepinfo.ch

Arbeitsgemeinschaft für Essstörungen Zürich
www.aes.ch
+ 41 43488 63 73
info@aes.ch

Sophie möchte gern anonym bleiben.

„Sophie, nimm den fettarmen Joghurt, denn der hat weniger Kalorien." „Sophie, heute läufst du einen weiteren Kilometer beim Joggen." „Sophie, halbiere die Portion und lass eine Hälfte liegen." „Sophie, wenn du unbedingt Cola willst, nimm die Light- oder Zero-Version." „Sophie, bis zum Wochenende steht ein halbes Kilo weniger auf der Waage." „Sophie, die Hose wird nur in Größe 34 gut an dir aussehen." Diese gedankliche Dauerschleife entstand vor ein paar Jahren in meinem Kopf, als ich kurz nach der Trennung von meinem damaligen Freund beschlossen hatte, ein bisschen abzunehmen.

Anfangs schien alles harmlos: Es sollten nur ein bis zwei Kilo sein, gesündere Ernährung und etwas mehr Sport. Bald wurde mein Sportprogramm strikter, ich aß immer weniger, mein Hirn zählte den ganzen Tag nur noch Kalorien, und schließlich purzelten die Kilos, und die Hosen wurden weiter. Ich fühlte mich gut, als ich die ersten Ergebnisse sah und spürte. Ich fühlte mich gut nach jedem Kilo weniger, jedem weiteren Sportprogramm, jeder weggelassenen Kalorie. Ich fühlte mich konsequent, leistungsfähig und erfolgreich. Ich fühlte mich, als hätte ich die Kontrolle.

Dabei hatte ich die Kontrolle schon längst an diese gedankliche Dauerschleife verloren. Ich wurde kontrolliert und war meinen Gedanken, die immer penetranter wurden, machtlos ausgeliefert. Sie hatten die Kontrolle über meinen Willen, meinen Körper und über mich – und zwar lange, bevor ich es mir selbst eingestehen konnte. Was mir anfangs Spaß machte, Befriedigung und Erfüllung gab, mich stolz machte und mich mit Komplimenten anderer belohnte, wurde zunehmend zur zwanghaften Tortur. „Kalorien, Essen, Sport, Figur, Gewicht" – das war alles, woran ich denken konnte und was meinen Tag bestimmte.

Ich wurde körperlich schwächer, meine Muskeln bauten ab, meine Haare fielen aus, meine Periode kam nicht mehr, und ich war an dem Punkt, an dem ich mir selbst sagte: „Okay, Sophie, genug jetzt. Hör auf. Das reicht." Trotzdem machte ich genauso weiter. Immer wenn ich beschloss aufzuhören, machte ich wenige Sekunden später bereits genau das Gegenteil und gab meinen Gedanken nach. So sehr ich es auch wollte, ich konnte nicht aufhören. Die Gedanken waren stärker. Meine eigene Machtlosigkeit zu spüren ließ mich verzweifeln. Ich fühlte mich, als würde ich in ein tiefes Loch fallen, aus dem ich alleine nicht herauskomme. Ich dachte, dass ich für immer in meinem Gedankenkarussell gefangen sein werde. Ich wusste nicht wie, aber ich musste unbedingt einen anderen Weg einschlagen. Denn der Weg, auf dem ich mich befand, hätte im Tod geendet.

Seitdem gehe ich den Weg aus der Essstörung. Ich habe viele Therapiesitzungen, Ernährungsberatungen, ärztliche Kontrollbesuche sowie ehrliche und ermutigende Gespräche mit meiner Familie und meinen Freunden hinter mir. Ich habe meine Sichtweisen verändert, ich bin aufmerksamer mir selbst gegenüber. Durch dieses neue Bewusstsein sehe und spüre ich, wie ich meine Stärke und Kontrolle Stück für Stück zurückgewinne. Auf meinem Weg habe ich viel gelernt, wofür ich dankbar bin. Aber ausgelernt hat man bekanntlich nie, und so ist der vor mir liegende Weg noch lang. Er war, ist und wird voller Hindernisse und Rückschläge sein, manchmal zum Verzweifeln und dann wieder voller Hoffnung.

Aber er wird irgendwann ein Ende haben. Das weiß ich einfach, und dieses Wissen lässt mich weitermachen. Meine Familie, meine Freunde, meine therapeutische und ärztliche Unterstützung sowie zahlreiche inspirierende Männer und Frauen in sozialen Netzwerken helfen mir dabei. Wir sind nicht allein und werden auf dem Weg begleitet. Wie, wann und wo das Ende des Wegs sein wird, ist ungewiss, aber alles ist besser als zurück zum Anfang zu gehen. Das gilt für mich, und das gilt für dich. Lass uns den Weg gemeinsam gehen.

Weitere Anleitungen und Inspirationen für ein glückliches und bewusstes Leben findest du auch in diesen Titeln:

TOPP 4902
ISBN 978-3-7724-4902-4

TOPP 4905
ISBN 978-3-7724-4905-5

TOPP 4903
ISBN 978-3-7724-4903-1

TOPP 7465
ISBN 978-3-7724-7465-1

TOPP 4901
ISBN 978-3-7724-4901-7

TOPP 7447
ISBN 978-3-7724-7447-7

TOPP 7470
ISBN 978-3-7724-7470-5

... und unter
www.TOPP-kreativ.de

Weitere Ideen für ein glückliches Leben gesucht?

Lass dich auf unserer Verlagswebsite, per Newsletter oder in den sozialen Netzwerken zu einer bewussten Lebensweise inspirieren!

Website
Verlockend: Schau doch auf **www.TOPP-kreativ.de** vorbei & stöbere durch die neusten Ratgeber für dein ganz persönliches Glück!

TOPP-Autoren
Du fragst dich, wer dir die nützlichen Tipps & Tricks verrät? Auf **www.TOPP-kreativ.de/Autor** warten jede Menge spannender Infos zum jeweiligen Autor auf dich. Finde heraus, welches Gesicht hinter deinem Lieblingsbuch steckt!

Facebook
Werde Teil unserer Community auf **www.Facebook.com/Frechverlag** & erhalte regelmäßig eine Extraportion Glück!

Pinterest
Inspirationen für ein glückliches Leben & noch vieles mehr gibt es für dich von TOPP auf Pinterest auf **www.Pinterest.com/Frechverlag**

Newsletter
Achtsamkeit ist dir wichtig? Du möchtest deine Zeit bewusster nutzen? Dann melde dich für unseren TOPP Newsletter unter: **www.TOPP-kreativ.de/Newsletter** an, um über die Wunder, die der Alltag für dich bereithält, auf dem Laufenden zu sein.

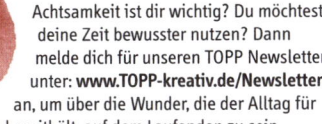

Extras zum Download in der Digitalen Bibliothek
Ausgewählte Bücher enthalten digitale Extras: Interviews, Vorlagen zum Downloaden, Printables & vieles mehr. Dieser Ratgeber auch? Dann schau im Impressum nach. Sofern ein Freischaltcode dort abgebildet ist, gebe diese unter **www.TOPP-kreativ.de/DigiBib** ein. Nach erfolgreicher Registrierung erhältst du Zugang zur digitalen Bibliothek & kannst sofort loslegen.

YouTube
Nimm dir die Zeit für die wichtigen Dinge im Leben & lass dich gerne auf **www.YouTube.com/Frechverlag** inspirieren!

Instagram
Du bist auf Instagram unterwegs? Super, wir auch. Folge uns und unseren Glücksmomenten! Du findest uns auf **www.Instagram.com/Frechverlag** Möchtest du uns an deinem Glück teilhaben lassen? Nichts ist einfacher als das. Am besten du postest gleich ein Foto mit dem Hashtag #TOPPbewusstleben!

Alles in einer Hand gibt's hier:

Weitere Bücher findest du auf www.TOPP-kreativ.de

PRODUKTMANAGEMENT: Lisa-Marie Weigel
LEKTORAT: Idis Eisentraut, Hamburg
LAYOUT UND SATZ: Eva Grimme
FOTOS: Coverfoto Waage: shutterstock (Billion Photos); frechver-
lag GmbH, 70499 Stuttgart, Michael Ruder, Stuttgart (alle Fotos
von Morena Diaz)
DRUCK UND BINDUNG: Livonia Print SIA, Lettland

Die in diesem Buch veröffentlichten Methoden, Informationen und Ratschläge stellen die Meinung bzw. Erfahrung des Autors dar und wurden
vom Autor und den Mitarbeitern des Verlags mit größter Sorgfalt erarbeitet
und geprüft. Autor und Verlag übernehmen jedoch keine Gewähr für die
Funktion oder Qualität der Informationen. Außerdem bietet der Inhalt dieses Buches keinen Ersatz für eine kompetente medizinische oder psychologische Beratung. Für eventuell auftretende Nachteile und Schäden können
Autor und Verlag nicht haftbar gemacht werden.

1. Auflage 2018
© 2018 frechverlag GmbH, Turbinenstraße 7, 70499 Stuttgart
ISBN 978-3-7724-4900-0 • Best.-Nr. 4900